ÓSCAR GONZÁLEZ es maestro de Educación Primaria, escritor, asesor educativo y conferenciante. Pero ante todo es padre de dos hijos. Es el fundador de la Alianza Educativa, un proyecto que tiene como objetivo mejorar las relaciones entre las familias y la escuela. Es director general de Escuela de Padres 3.0. Imparte formación a través de cursos, talleres, seminarios y *training* para familias y profesores tanto a nivel presencial como online. Los medios de comunicación le consultan con asiduidad para tratar temas educativos de actualidad. Fue galardonado con el Premio Magisterio 2013 por su empeño en mejorar y hacer más fluida las relaciones entre la familia y la escuela y por sus iniciativas, que permiten a numerosas familias formarse para mejorar la educación de sus hijos. Es autor de *Familia y escuela. Escuela y familia, El cambio educativo, 365 propuestas para educar*, la colección «Escuela de Padres» y *Tus hijos y las nuevas tecnologías*. Se define a sí mismo como un apasionado de la educación y como un padre imperfecto que ayuda a las familias a educar con calma y conectar con sus hijos para sacar lo mejor de ellos mismos.

Para más información visita la página web de la Escuela de Padres 3.0: <www.escueladepadrestrespuntocero.es>.

También puedes seguir a Óscar González en:
 www.facebook.com/EPadres3.0
 @OscarG_1978
 @escueladepadres3.0

MAXI

Penguin
Random House
Grupo Editorial

Primera edición: marzo de 2021

© 2021, Óscar González Vázquez
© 2021, Penguin Random House Grupo Editorial, S. A. U.
Travessera de Gràcia, 47-49. 08021 Barcelona
Diseño de cubierta: Penguin Random House Grupo Editorial / Sergi Bautista
© Thinkstock, por la imagen de cubierta

Printed in Spain – Impreso en España

ISBN: 978-84-1314-265-4
Depósito legal: B-20.686-2020

Compuesto en Llibresimes, S. L.

Impreso en Rotativas Estella, S.A.
Villatuerta (Navarra)

BB 4 2 6 5 4

EDUCAR Y SER FELICES
Una guía práctica para disfrutar
de la educación de los hijos y crecer con ellos

Óscar González

MAXI

Dedicado a Ana con todo mi amor, cariño y gratitud.
Has sido y eres lo mejor que me ha pasado, #misuerte.
Gran madre y mejor persona... Te quiero

A Paula #hastatodo

A mis hijos Mateo y Elsa con amor infinito

A los niños que estamos educando para
que del mañana hagan un mundo mejor

Índice

Nota explicativa del autor

Podrás comprobar que, a lo largo de este libro, no hablo de «niños y niñas» ni de «hijos e hijas», sino de «niños» e «hijos» de manera genérica. Utilizaré la forma masculina por defecto, alternándola de manera ocasional con usos específicos de género o número distintos. También hago uso del universal «padres» para referirme a «madres» y «padres». Quiero aclarar que **no se trata de un uso sexista del lenguaje, sino de una manera de facilitar al máximo la lectura,** simplificando los diálogos y las explicaciones que contiene el libro. Si se plantease una distinción por sexo en algún tipo de comportamiento quedará convenientemente explicado y reseñado. Muchas gracias de antemano por tu comprensión. Disfruta de la lectura.

Introducción

Muchas personas piensan que ser padres
implica controlar las conductas de los niños y entrenarlos para actuar como adultos. Yo creo que ser padre implica controlar mi propia conducta y actuar yo mismo
como un adulto. Los niños aprenden lo
que viven.

L. R. Knost

Querido lector, en primer lugar deseo darte las gracias por
elegir el libro que ahora tienes en tus manos. No te vas a
arrepentir de tu elección. Gracias por dedicarme tu tiempo
pero, sobre todo, gracias por dedicártelo a ti ya que el libro
que vas a leer te ayudará a crecer como padre. Este te va a
permitir afrontar la educación y crianza de tus hijos con
una mayor calma, confianza y seguridad en cada paso que
vas a ir dando en este proceso.

A lo largo de estas páginas te voy a ofrecer una serie de

pautas y herramientas que son clave para tu crecimiento parental pero, en especial, para tu crecimiento personal. Irás descubriendo que ambos van de la mano.

Me imagino que te estarás preguntando «¿por qué otro libro sobre *parenting* o crianza con tantos que se publican a diario?», «¿qué tiene este que no tengan los otros?», «¿qué me va a aportar?», «¿de verdad tengo cosas nuevas que aprender?», «¿hay cosas que desconozco y me van a ayudar?».

Pues déjame contarte algo: el libro que ahora empiezas a leer es fruto de muchos años de estudio, de investigación y más que nada de práctica diaria con mis hijos y alumnos. Y no solo es producto de lo que yo he podido aprender y aplicar con mis lecturas, sino lo que he visto en cientos de madres y padres como tú, preocupados por hacerlo mejor cada día. Por mis Escuelas de Padres y Madres (la Escuela de Padres con Talento y la Escuela de Padres 3.0) han pasado cientos de familias para formarse y aprender las claves que tú vas a descubrir en este libro. Y te puedo asegurar que con muy buenos resultados. No se trata, por lo tanto, de un libro de teorías, sino de uno práctico. Y lo mejor de todo es que puedes ponerlo en práctica desde ya mismo y comprobarás grandes cambios en tu vida y en la de tus hijos.

Pero hay algo que quiero que tengas en cuenta antes de adentrarte en la lectura de las siguientes páginas. Cada uno de nosotros vivimos una realidad distinta y debemos empezar por comprender que ni nosotros ni nuestros hijos aparecemos en un manual de crianza, sino que es importante que seamos conscientes de que todas las herramientas que tenemos a nuestra disposición debemos adaptarlas a nuestra realidad, tan distinta a la de otras madres y padres. **Olvida por completo la falsa creencia de que solo hay una manera correcta de hacer las cosas.** Debemos evitar compararnos, pretender aspirar a ser «superpapás» o «supermamás», esos que no quieren equivocarse nunca (seguro que conoces alguno de ellos). Es un error. Simplemente debemos SER y trabajar(nos) para crecer y ser un poquito mejores de lo que éramos ayer. Por nosotros, por nuestros hijos. Por eso es tan importante vencer los miedos, eliminar el sentimiento de culpa que nos paraliza y asumir que cometemos y cometeremos errores, que no somos perfectos. Somos papás y mamás con nuestras luces y nuestras sombras.

En este apasionante viaje nos vamos a equivocar muchas veces. Pero el error es parte del viaje, forma parte de la vida y del aprendizaje. Si nos caemos nos levantaremos con mayor impulso. No podemos detenernos, debemos avanzar. De eso se trata la educación y la vida... Un aprendizaje continuo. Y es justo lo que debemos transmitir a nuestros hijos. ¿Qué mejor forma que con nuestro ejemplo? Como he señalado en la cita de esta introducción, **los niños aprenden lo que viven.**

Este es el libro que me hubiera gustado leer a mí hace unos años cuando mis hijos llegaron al mundo. Por aquel entonces leía todos los libros y manuales de educación y crianza que se publicaban y me lanzaba a buscar los consejos que los expertos me ofrecían. Buscaba herramientas, estrategias *«para que se portaran bien», «para que hicieran caso», «para que aprendieran a dormir»...* Qué equivocado estaba. Sin darme cuenta, esto me generaba unos sentimientos de culpa e insatisfacción enormes, pues mis hijos rara vez hacían «lo que el manual decía que debían hacer» si seguía las instrucciones de uso. Esto me llevaba a tener sentimientos contradictorios y una sensación de fracaso absoluto como padre, de no saber qué hacer ni cómo actuar con ellos... Y encima, si no lo hacía bien podía dañar a mis hijos. Imagínate el sentimiento de culpa que me generaba todo esto. A mí, que me creía un experto y daba consejos y conferencias a otros padres... ¡Qué vergüenza!

Pero ¿sabes una cosa? Con el tiempo he aprendido algo: **no existe una única manera de educar y de hacer las cosas.** Existen múltiples caminos para educar y acompañar a nuestros hijos en nuestro día a día. No existe un «manual de instrucciones» para educar a nuestros hijos. De hecho, tú vas a empezar a redactar y configurar **tu propio manual de instrucciones para educar a tu hijo.** Porque no hay dos niños iguales y tu hijo es único.

> Es un error pensar que solo existe una forma correcta
> de criar a los hijos, y todas las demás son malas.
> En realidad hay miles de formas igualmente correctas
> de criar a los hijos; y otras miles que, sin ser tal vez
> perfectas, son suficientemente buenas.
>
> CARLOS GONZÁLEZ

Este libro recoge mi esfuerzo por compartir lo que he aprendido en todos estos años. No esperes un libro sobre consejos y recetas mágicas, tal como se exponen en otros manuales de crianza que ponen el foco en los niños, en su conducta, en su cerebro... En este libro **voy a poner el foco en ti** para ayudarte a que te descubras a ti mismo, te conozcas mejor y puedas crecer sin límites en todas tus dimensiones: como padre, como pareja, como persona. Esto te ayudará en tu acción educativa diaria. Una educación basada en el respeto, la confianza, la conexión con tus hijos y, sobre todo, lo más importante: una educación basada en el **AMOR incondicional** (así, en mayúsculas).

Te invito a que leas el libro con una apertura total de mente, que dejes a un lado las creencias que te han estado limitando a lo largo de los años, las que heredamos de nuestros padres, familiares y amigos de «cómo deberían ser las cosas» para abrirte a un mundo nuevo en el que descubrirás que las **cosas se pueden hacer de otra forma y con mejores resultados.** Léelo con una flexibilidad absoluta y cuestiona todas y cada una de las palabras que aquí aparecen. No lo asumas como una verdad irrebatible porque te lo estoy diciendo yo. Antes de empezar mis conferencias siempre les recuerdo esto a los asistentes:

No creas nada. No importa dónde lo leas o quién
lo diga, incluso si lo he dicho yo, a menos que
concuerde con tu propio juicio y tu sentido común.

Buda

Recuerda: en este libro no vas a encontrar respuestas «correctas». No existen. La mejor respuesta es aquella que los padres consideran mejor en función de la forma de ser de su hijo y de la suya propia. Y el objetivo debe ser conseguir **que nuestros hijos se conviertan en la mejor versión de ellos mismos.** Esto les ayudará a caminar por la vida y les acercará a aquello que llamamos felicidad. También les ayudará a recordarles cada día algo esencial: **a vivir se aprende viviendo.**

Afrontemos con humildad este viaje que ahora emprendemos y en el que vamos a equivocarnos y a cometer errores..., pero seguiremos avanzando. Un apasionante viaje que empieza pero que no tiene fin. En palabras de la gran Josefina Aldecoa:

Educar es un proceso que no termina nunca.

Te aseguro que si aplicas todo lo que te voy a presentar cuando cierres la última página del libro no volverás a ser el mismo. Vas a ser mejor..., mucho mejor, no lo dudes.

¿Me acompañas en este maravilloso viaje? Nos adentraremos en **la magia de educar y ser feliz.**

Gracias por elegir leer este libro.

Empezamos...

Transformación

Como ya he señalado, este no es un libro de teorías y mi objetivo al escribirlo es que todo aquel que lo lea pueda profundizar más allá del aprendizaje de cuatro ideas y lograr así una auténtica **transformación.** Es un viaje que empieza en nosotros mismos para llegar... hasta nosotros mismos.

Si estás leyendo este libro es porque tienes alguna dificultad a la hora de educar a tus hijos, o porque quieres aprender nuevas estrategias para **educar de una forma afectiva, efectiva y respetuosa.** Sea cual sea la motivación que te ha traído hasta aquí, quiero que no te quedes con el mero aprendizaje de ideas, conceptos o datos. El problema con el aprendizaje es que solemos olvidar gran parte de ello. Aprender es llenar nuestra cabeza con datos, cifras, teorías, etc. Existen estudios que demuestran que incluso leyendo un libro con gran concentración en su contenido, una persona normal olvida el ochenta por ciento de lo que lee en veinticuatro horas. ¿No te parece sorprendente? Como destaca Vishen Lakhiani, la transformación no funciona así, «es un cambio de perspectiva de la vida misma». Una mente que se expande nunca regresa a su tamaño original. Y ese es el objetivo. Ir más allá de una simple lectura de un libro de educación o crianza. Eso quiero conseguir contigo cuando cierres la última página de este libro.

Pero para lograr esta transformación precisamos de una TRANSFORMACCIÓN, que es más que un juego de palabras: es la necesidad de poner en práctica aquello que vas aprendiendo a medida que avanzas en la lectura del libro. Esto te ayudará a producir cambios positivos irreversibles en ti mismo y también en tus hijos.

Trabajaremos toda una serie de ejercicios y pondrás en práctica lo aprendido para mejorar tu **ICP** (Índice de Crecimiento Parental) no para convertirte en un padre o una madre que aspiran a ser perfectos, sino para ser mejor de lo que eras ayer. No pierdas de vista esta *mentalidad de crecimiento*. Vamos a aumentar nuestro ICP de manera progresiva, con pequeños y sencillos cambios, pero con un gran trabajo personal.

Por cierto, puntúa de 0 a 10 cuál consideras que es tu Índice de Crecimiento Parental y anótalo aquí: _____

Cuando termines de leer el libro, vuelve a esta página y revisa el número que has puesto y contesta a las siguientes preguntas: ¿has mejorado tu ICP?, ¿en qué crees que has crecido?

¿Estás dispuesto a unirte a este desafío?

Un viaje de mil millas comienza con el primer paso.

Lao Tsé

En qué te va a ayudar esta transformación

Principalmente a poner el foco en ti como padre o como madre y resolver cuestiones y problemas que siempre has pensado que eran culpa de tus hijos: *los gritos, los enfados, tu actitud reactiva, etc.*

Después de preguntar a las madres y los padres que participan en mis programas formativos cuáles son los mayores problemas que encuentran para educar a sus hijos he llegado a una conclusión: *casi todos nos enfrentamos a los mismos miedos y dificultades.*

Hace poco les envié una «encuesta» preguntándoles cuáles eran **sus mayores miedos e inquietudes a la hora de educar.** Estas son las palabras que más se repetían en sus respuestas:

SEGURIDAD - FALTA DE PACIENCIA – AUTOESTIMA – GRITOS – AMENAZAS - FALTA DE TIEMPO - MIEDO - FALTA DE CONFIANZA – FRUSTRACIÓN – IMPOTENCIA - FALTA DE COMUNICACIÓN

Son solo una pequeña muestra, ¿te suenan? Seguro que te has identificado con más de una. Pues bien, este libro pretende ayudarte a **superar estos miedos y dificultades, que ganes una mayor confianza en ti mismo como padre y adquieras las mejores herramientas para educar en tu día a día.**

Estas son solo algunas de las cosas que vas a conseguir cuando aumentes tu ICP y lleves a cabo esa transformación desarrollando tu talento educativo:

- Acabarás con los gritos, los castigos y las amenazas en tu día a día.
- Eliminarás ese sentimiento de culpa que te acompaña por no poder llegar a todo.
- Dejarás atrás el concepto «es que no me hace ni caso».
- Tendrás más paciencia con tus hijos y un mayor autocontrol.
- Lograrás un equilibrio perfecto entre amor y disciplina.

En definitiva, vas a **aprender a educar con sencillez** pero, sobre todo, con y desde el corazón...

Antes de casarme tenía seis teorías sobre cómo educar
a mis hijos; ahora tengo seis hijos y ninguna teoría.

JOHN WILMOT

CON ESTE LIBRO VAS A CONSEGUIR...

1. **Dejar atrás los problemas que hoy te preocupan en la crianza de tus hijos** (peleas, falta de cooperación...) y mejorar la convivencia en casa incrementando la unión familiar.
2. **Establecer un cambio de enfoque en tu forma de educar.** Verás resultados concretos de manera simple y en poco tiempo.
3. **Lograr una mejor versión de ti** como madre/padre educando con mayor calma, reflexión y autocontrol.

Antes de empezar con la lectura del libro te recomiendo una buena dosis de estas vitaminas que ahora te presento. Te ayudarán muchísimo en tu día a día. Son esenciales para la vida pero, especialmente, para la educación de tus hijos. Y lo mejor de todo es que no tienes que ir a ninguna farmacia a comprarlas. Las tienes a mano en cualquier momento. Pero debes trabajar(te) para conseguirlas y lograr que hagan su efecto. Estas vitaminas tienen un efecto mágico. Son las siguientes:

- **Vitamina O:** OPTIMISMO. No se puede educar sin optimismo. Como señala mi buen amigo José Carlos Aranda, *«en educación no hay espacio para la desesperanza»*. Además, este optimismo vital lo contagiamos a nuestros hijos, algo que les ayudará a enfrentar con ánimo las dificultades de la vida. Para ello es necesaria una actitud positiva ante la vida y las circunstancias. Y esto es una cosa que se aprende. Como destaca Víctor Küppers, «tu actitud, tu manera de ser, la puedes trabajar, la puedes mejorar, la puedes desarrollar tengas cinco, veinticinco o ciento veinticinco años. Lo que pasa es que no es fácil porque estamos en un entorno en el que por cada alegría tenemos veintisiete disgustos. Y hay muchas personas que viven amargadas y de mal humor y no se lo merecen. Y vivir así es asqueroso. Sobre todo sabiendo que hay otra alternativa, porque la hay. La otra alternativa es luchar a contracorriente para vivir con ilusión, con alegría, que es mucho más difícil. Cuesta mucho más ser optimista que pesimista. Pero es un esfuerzo, es una lucha que vale mucho la pena».

- **Vitamina C:** CONFIANZA-COHERENCIA. Debes confiar en ti mismo para educar. Precisamos elevar nuestra autoestima educativa, sentirnos capaces de aquello que estamos haciendo: educar a nuestros hijos de la mejor manera posible. Además, es necesario ser coherente transmitiendo un mensaje claro entre lo que hacemos y lo que decimos. Recuerda que tus hijos vivirán los valores que transmites con tu ejemplo, no los que prediques.
- **Vitamina P:** PACIENCIA. Educar es un proceso lento y constante. Necesitamos hacerlo con paciencia, sin esperar resultados inmediatos. ¿Cómo pretendes que tus hijos aprendan a esperar si tú no eres capaz de hacerlo? Aprendamos y enseñemos a saborear cada segundo de vida.

No hay niños difíciles. Lo difícil es ser niño en un mundo de gente cansada, ocupada, sin paciencia y con prisa.

- **Vitamina H:** HUMILDAD-HUMOR. Actuar con humildad. Un ingrediente necesario para seguir aprendiendo de todo y de todos, alejándonos de actitudes del tipo «eso ya lo sé, ¿qué me vas a contar a mí?». Criar a un hijo es una continua lección de humildad. Aprovechemos la oportunidad. Aprendamos de nuestros grandes maestros, nuestros hijos. Tienen mucho que enseñarnos y aportarnos si estamos abiertos y dispuestos a recibirlo.

Nuestros hijos no quieren ni superpapás ni supermamás. Lo que quieren es unos padres humanos, sinceros y humildes.

Además, es importante impregnar nuestro día a día de sentido del humor. Reírnos de nosotros mismos y enseñarles a ellos también a reírse de sí mismos. Utilicemos el humor como un medio para tomar distancia de los problemas y conflictos. No hay nada que no se arregle con unas buenas risas. ¿Te animas a hacer la prueba?

- **Vitamina I:** ILUSIÓN-INTUICIÓN. Educar es la tarea más importante que llevarás a cabo en tu vida. Por este motivo es necesario actuar con ilusión, compromiso y entusiasmo desde el minuto cero. Además, debes confiar en tu intuición. Podrás leer muchos libros, contar con pautas y recetas para educar pero, como ya he señalado, no existe un manual de instrucciones para tu hijo. Por lo tanto, muchas veces deberás confiar en tu intuición siendo consciente de que cada etapa tiene sus propias características y dificultades. ¿Lo más importante? RESPETA EL RITMO DE TU HIJO. Cada uno de nosotros crecemos a un ritmo distinto. Nadie «va tarde», todos llegamos a tiempo. Nuestro tiempo.
- **Vitamina E:** EMPATÍA. Qué importante es que miremos la vida con ojos de niño. Recuerda al niño que fuiste y qué era lo que te gustaba, lo que necesitabas en aquel momento. Aprende a interpretar qué necesita tu hijo. Esto le ayudará a sentirse comprendido y que te sienta cercano. Te ayudará a establecer una

verdadera conexión con él. La clave del éxito educativo: trata a tu hijo como te gustaría que te tratasen a ti. Cuando logramos ser empáticos con nuestros hijos, es posible imaginar lo que piensa y siente. Es entonces cuando podemos **conectarnos emocionalmente** con él. Pregúntate: *¿Qué deseas que tus hijos recuerden de su infancia y su relación contigo?*

- **Vitamina A:** AMOR. Esta vitamina no puede faltar en cualquier relación y mucho menos en nuestra relación padres-hijos. Se trata de un amor incondicional que todo lo impregna, que está por encima de todo. Es el motor de la vida. No podemos dar cariño como recompensa al comportamiento de nuestro hijo. Y, sobre todo, no basta con querer a nuestros hijos, también tenemos que decírselo y recordárselo continuamente. Este amor debe estar presente en nuestras relaciones: con nuestra pareja, amigos, etc. Lo que ven y viven nuestros hijos es lo que aprenderán.

La forma en que tratamos a los niños influye en cómo crecen y en lo que se convertirán.

Antes de seguir leyendo te planteo una sencilla actividad:

1. Dibuja en una hoja a tu hijo.
2. Haz una bola con el papel.
3. Intenta que la hoja vuelva a quedar como al principio alisándola.

¿Puedes?

El corazón de tu hijo es como el papel. La impresión que dejas en él será difícil de borrar.

Si una flor no florece, arreglas el ambiente en el que crece, NO arreglas la flor. Lo mismo sucede con los niños. ¿Por qué siempre queremos encontrar el problema en ellos? ¿Por qué no miramos a su alrededor e incluso a nosotros mismos?

Educar

Como a lo largo del libro vamos a hablar de educación y crianza, he creído conveniente la necesidad de introducir este pequeño apartado antes de empezar. Y creo que es importante partir de ahí: **cuestionarnos realmente qué es educar para cada uno de nosotros.** Existen múltiples visiones de la educación, algunas de ellas basadas única y exclusivamente en la disciplina. Yo no iré por ese camino. La disciplina es necesaria, pero es solo una parte de la educación. La educación auténtica no puede asentarse solo en la obediencia. Necesitamos personas críticas capaces de desenvolverse y cuestionar las cosas. Esto no se consigue de la noche a la mañana y la educación es la herramienta para conseguirlo. Como decía Nelson Mandela, «la educación es el arma más poderosa para cambiar el mundo».

Desde mi punto de vista, educar es:

ACOMPAÑAR-CONECTAR-DIALOGAR-
TRANSMITIR VALORES, HERRAMIENTAS
Y HABILIDADES PARA CAMINAR POR LA VIDA.

Como muy bien señala Teresa García Hubard:

Educar es un proceso constante de resolver problemas
con nuestros hijos, y no un proceso infinito
de corregir y castigar.

Y es que, por desgracia, muchas veces **no disfrutamos de la crianza y educación de nuestros hijos.** Se convierte en una lucha agotadora porque nos perdemos en querer que todo sea armonioso y sin problemas. Es una fantasía que debes desterrar desde ya mismo. Recuerda que los objetivos importantes no son a corto plazo sino a largo plazo... ¿Es una batalla que se laven los dientes? Si lo afrontamos desde el cansancio, el estrés diario y la angustia, posiblemente sí. Se convierte en una auténtica frustración. Pero si lo hacemos desde la calma y la tranquilidad, sin perder la perspectiva de que educar es un proceso lento y a largo plazo comprobarás cómo las cosas cambian. Como decía el gran maestro Wayne Dyer:

Si cambias la forma en que miras las cosas,
las cosas que miras cambian.

Comparto contigo algunas citas de grandes pensadores que te ayudarán a configurar tu propia definición de qué es educar:

- «Educar es sembrar. Sembrar amor, sembrar conciencia, sembrar humanidad para que crezcan buenas personas, buenos ciudadanos y buenos profesionales» (Álex Rovira).
- «Educar es sembrar y saber esperar» (Bernabé Tierno).

- «Educar es un acto altruista, quizá el más altruista que realizaremos en la vida» (José Carlos Aranda).

Te animo a que cojas papel y lápiz e intentes elaborar tu propia definición y la cuelgues en la nevera. Tenerla visible te ayudará a recordarla y recordarte los pasos a seguir para no abandonar el estado de calma y serenidad necesario y **no convertir la educación de tus hijos en una lucha, en una batalla diaria.** Para poder elaborar esta definición te puedes apoyar dando respuesta a estas dos preguntas:

- *¿Qué significa realmente educar?*
- *¿Qué pretendo conseguir con la educación de mis hijos?*

El regalo

Que seas bendecido con un hijo...
Que te desafíe
para que aprendas a deshacerte del control,
que no te escuche
para que aprendas a sintonizar con él,
que lo deje todo para el último momento
para que aprendas la belleza de la calma,
que se olvide de las cosas
para que aprendas a desprenderte de él,
que sea extrasensible
para que aprendas a mantener los pies en la tierra,
que no preste atención
para que aprendas a concentrarte,
que se atreva a rebelarse
para que aprendas a pensar con originalidad,

que tenga miedo
para que aprendas a confiar en el universo.
Que seas bendecido con un hijo...
Que te enseñe
que no se trata de él
sino que se trata de ti

SHEFALI TSABARY

1

Educar para la vida

Ser padre es la única profesión en la que primero se otorga el título y luego se cursa la carrera.

Luis Alejandro Arango

Educar sin miedo, sin miedos

Empezamos con fuerza el libro, pues vamos a hablar de algo que a todos nos condiciona. Algo que todos sentimos y experimentamos en mayor o menor medida y que debemos conocer y afrontar si queremos educar con calma y serenidad. Se trata del **miedo**.

Todavía recuerdo con nitidez la primera vez que sostuve a mi primer hijo en brazos. Es una sensación única, mágica. Te embarga un sentimiento de alegría y felicidad inmensas, pero al mismo tiempo aparece una emoción que te incapacita, que te paraliza: el miedo. Cuando estás ahí mirándolo por primera vez aparece ese miedo de que algo malo le vaya a ocurrir. Sabes que a partir de ese momento es tu responsabilidad y asumes que cualquier error que cometas, cualquier cosa que hagas mal, le puede lastimar. Queremos tanto a nuestro hijo que la sola idea de que algo salga mal con respecto a él nos causa un profundo dolor.

Nos cuesta tanto ACEPTAR nuestros errores, porque nos han CONDICIONADO DESDE NIÑOS a recibir cariño solo por nuestros ACIERTOS.

Y este miedo nos condiciona, nos paraliza hasta tal punto que nos impide disfrutar del momento que estamos viviendo. Ese miedo dispara pensamientos negativos e interrogantes: «*¿sabré hacerlo bien?, ¿seré un buen padre?, ¿será feliz?, ¿qué será de su vida?*». Toda una serie de dudas difíciles de contestar. Debemos aprender a manejarnos en la incertidumbre y al mismo tiempo transmitirlo a nuestros hijos. Nada fácil, pero merece la pena intentarlo.

Es normal sentir miedo y que sobre nosotros caiga el peso de la responsabilidad. Queremos hacerlo bien, no equivocarnos. Pero ya te adelanto que la educación es como la vida misma y, por lo tanto, vamos a cometer errores. Lo importante es aprender de ellos y que nos permitan avanzar e intentar hacerlo lo mejor posible.

El que ha superado sus miedos será
verdaderamente libre.

ARISTÓTELES

Así que, vamos a intentar eliminar o reducir estos miedos que nos lastran, que nos impiden educar con tranquilidad y conectar con nuestros hijos. Pero no solo los miedos también las **pre**ocupaciones innecesarias.

Por desgracia, la gran mayoría afrontamos la educación de nuestros hijos con miedos (así, en plural) y esencialmente son estos:

- **PASADO:** Son aquellos miedos que arrastramos de nuestro pasado, de cuando éramos niños, esa «mochila» que todos cargamos. Miedos que no hemos superado y que podemos llegar a transmitir a nuestros hijos. Vivir enganchados a estos miedos del pasado nos impide avanzar.
- **FUTURO:** Son esos miedos del futuro en los que continuamente nos estamos proyectando: ¿qué pasará con nuestros hijos?, ¿cómo serán en la adolescencia?, ¿serán felices?, ¿qué problemas tendrán que afrontar?

Los padres nos vamos moviendo entre esos dos tipos de miedos, los que cargamos de nuestro pasado y los que proyectamos en el futuro de nuestros hijos. De hecho, cuando preguntamos a alguien qué le preocupa, te responde sobre el pasado o sobre el futuro,

¡NOS HEMOS OLVIDADO DE VIVIR EN EL PRESENTE!

No olvidemos que muchas veces (y aunque no queramos reconocerlo) abordamos la educación de nuestros hijos en función de lo que nuestros padres hicieron con nosotros en nuestra infancia. Son nuestros primeros referentes y, queramos o no, tendemos a repetir patrones. Una parte de estos miedos provienen de nuestra fobia al sufrimiento propio.

El gran problema de movernos entre el PASADO y el FUTURO es que **nos estamos perdiendo su PRESENTE, el AHORA.** Y justamente eso es lo que nos impide conectar de verdad con nuestros hijos. Y, a la vez, esto nos impide disfrutar de cada una de las etapas educativas.

A menudo me encuentro con madres y padres que tienen hijos en la etapa infantil y ya están preocupadísimos por la adolescencia del niño. ¿Tiene algún sentido? Mejor disfruta de esta etapa y aborda los problemas que se te presentan en la misma y, cuando llegue el momento (sin anticiparnos), ya te preocuparás de las siguientes. Porque siempre estamos pensando en mañana, en ese futuro que nunca llega, y dejamos de vivir y disfrutar de su presente. Siempre destaco la importancia de conocer lo que va a suceder en cada una de las etapas pero sin obsesionarnos y, sobre todo, sin anticiparnos. Cada cosa a su tiempo...

Nos preocupamos en exceso por el futuro de nuestros hijos y nos perdemos su presente.

Te voy a poner un ejemplo clarificador (a mí me ha pasado). El niño tiene seis años y, después de darle una indicación, te contesta mal: de inmediato te viene el siguiente pensamiento a la mente: «Si con seis años ya me contesta así, ¿qué hará cuando sea un adolescente?». Con esta afirmación ya estamos avanzando y proyectando lo que pensamos que ocurrirá en el futuro. Algo que probablemente no sucederá... Además, cuando nos proyectamos en el futuro, en lo que está por venir, lo solemos hacer en términos negativos. ¿Por qué no puede ser que haya un cambio positivo y para bien?

Eva Millet, en *Hiperpaternidad*, cita *Cotton wool kids*, un libro de la psicoterapeuta Stella O'Malley en el que esta denuncia «la cultura del miedo» imperante con respecto a los niños. En su opinión, esta cultura es una de las causas de la hiperpaternidad actual:

> Ella la experimentó cuando, entre 2007 y 2009, tuvo a sus dos hijos. Recuerda que cuando comunicaba, con una enorme sonrisa, la buena noticia, esta pronto empezaba a congelársele en los labios «a causa de la abrumadora avalancha de consejos bienintencionados, pero francamente aterrorizantes que recibía por todas partes» respecto a todo lo que tenía que hacer con el fin de salvaguardar a los niños que iban a nacer.

Estos miedos llevados al extremo pueden llevarnos a amargarnos el disfrute de nuestra paternidad o maternidad. Podría citar muchos de esos miedos que manifestamos los padres, pero me gusta la síntesis de los mismos que hace Paloma López Cayuela en su libro *Educar amando desde el minuto cero*. Ella habla básicamente de cuatro tipos de miedos que manifestamos los padres:

- Miedo a no hacerlo bien como padres.
- Miedo a que el hijo crezca.
- Miedo a que le ocurra algo malo y sufra.
- Miedo a que no nos quiera y se aleje.

Personalmente añadiría algunos más:

- Miedo a no tener el control.
- Miedo al conflicto.
- Miedo a la infelicidad.

Seguro que te sientes identificado con alguno de ellos. Empieza a sacudirte de encima esos miedos que te paralizan, que te impiden disfrutar de cada momento... Para educar y para vivir precisamos de gran dosis de valentía. El primer paso para enfrentar los miedos es reconocerlos y el segundo, conocer en profundidad cómo es aquello a lo que tememos.

> Nada ni nadie puede impedir que sufran,
> que las agujas avancen en el reloj,
> que decidan por ellos, que se equivoquen,
> que crezcan y que un día nos digan adiós.
>
> Joan Manuel Serrat

Te animo a que dejes el libro a un lado y reflexiones un momento sobre esta frase: **«La preocupación es inútil por sí sola y consume nuestro tiempo y energía».**

Te darás cuenta de que moverte entre ese pasado que ya no existe y ese futuro que imaginas te hace perderte lo realmente importante: **el presente de tus hijos.** De hecho, la preocupación en exceso puede suponer un obstáculo a nuestros deseos porque nuestras ideas generadoras de preocupación NOS APARTAN DE LO QUE EN REALIDAD ESTÁ OCURRIENDO.

Me gusta mucho esta idea tan profunda que señala Shefali Tsabary:

Nuestros hijos son catalizadores perfectos cuando se trata de despertar nuestro miedo. Profundamente apegados a los hijos, con frecuencia estos desencadenan nuestra necesidad primaria de protegerles. Como constantemente tememos por su seguridad, felicidad y bienestar, estamos en permanente estado de reactividad con ellos. Si no nos asusta que crezcan y acaben fracasando, nos asusta que crezcan sin ser respetuosos o amables. Si no tememos por su futuro, nos da miedo cómo viviremos si algo les ocurre o cómo viviremos con nosotros mismos si experimentan un trauma. Sea cual sea el motivo, nuestro miedo abunda en nuestra reactividad con ellos. Es lo que nos hace gritar, chillar o pegarles. También es lo que nos hace avergonzarlos, humillarlos o culparlos.

Vuelve a coger papel y lápiz y elabora un listado con aquellos miedos recurrentes que te paralizan e impiden educar con serenidad porque te mantienen en un continuo estado de alerta. Escúchate a ti mismo. Después reflexiona y toma conciencia sobre qué vas a hacer para afrontar estos miedos y eliminarlos de tu día a día. Comprobarás que no es un trabajo fácil y que vas a necesitar de mucha paciencia y constancia para conseguirlo. No es algo que vaya a suceder de la noche a la mañana. Empieza a eliminar esos «pensamientos» negativos y catastrofistas, comprobarás que perdemos mucho tiempo y energía en cosas que después no suceden. Si tu diálogo interior es negativo, tus resultados negativos se van a perpetuar. Así de simple. Pregúntate:

¿Estos pensamientos preocupantes me ayudan a ser más feliz, a sentirme mejor?

¡¡¡CUIDA LO QUE TE DICES!!!

Vivimos en una sociedad compleja y de grandes cambios. También vivimos impactados cada minuto por una gran cantidad de información. Esta nos genera ansiedad y alimenta nuestros miedos, además de influir en nuestra forma de educar y tratar a nuestros hijos. ¿Crees que hace veinte años no ocurrían sucesos y desgracias como los que hoy acontecen? Conozco a madres y padres que son incapaces de dejar ir a sus hijos a las excursiones escolares, a los campamentos, a las fiestas de cumpleaños en los parques de bolas por miedo a que algo malo les pueda pasar. ¿No hay en esta forma de proceder una actitud de sobreprotección por nuestra parte? Con nuestros miedos y paranoias lo único que conseguimos es transmitirles a nuestros hijos que el mundo es un lugar hostil y lleno de riesgos, que el mundo es peligroso.

Soy consciente de que no podemos educar mostrándoles un mundo de color de rosa donde todo es perfecto. Pero tampoco podemos caer en el extremo opuesto haciéndoles ver que lo único que se van a encontrar son peligros y dificultades. Una vez más debemos encontrar el equilibrio necesario sin alimentar más sus miedos, que de por sí son naturales y necesarios.

De hecho, el miedo es una emoción básica y tiene una función concreta para la supervivencia de la especie. Funciona como un sistema de alarma que nos advierte de potenciales peligros. Y aquí es cuando nos preguntamos si el miedo es bueno o es malo. Si nos alerta de un peligro real y nos ayuda a enfrentarlo, evitarlo o huir, diremos que es bueno porque nos está protegiendo. Ahora bien, cuando se activa sin que haya una amenaza real es cuando la cosa se complica y aparecen las fobias. Por lo tanto nos encontramos con miedos naturales y adaptativos (hay miedos distintos en cada etapa) y luego tenemos los otros, que son los que debemos evitar.

Entre los distintos miedos hallamos: miedo a los animales, a la oscuridad, a los fantasmas, al agua, a la separación de los padres, etc. También tenemos miedos que se heredan. Como señalan Alberto Soler y Concepción Roger:

> Heredamos de nuestros antepasados ciertos miedos que han resultado útiles para la especie, y es la interacción entre esta predisposición genética y los factores ambientales lo que explica por qué existen unos niños que son más miedosos que otros.

Por lo tanto, es cierto que no podemos evitar la aparición de ciertos miedos puesto que son evolutivos, forman parte de su desarrollo y cumplen una función determinada. Ahora bien, hay otros miedos que les transmitimos a los pequeños contándoles determinadas historias, con el impacto de las noticias, a través de las películas, etc. También tiene una gran influencia la información que reciben a través de las redes sociales y las páginas de internet. Por este motivo, tenemos una gran responsabilidad a la hora de filtrar el contenido al que están expuestos. No se trata de buscar cuál es el mejor programa o aplicación de control parental, nosotros somos el mejor filtro y control parental que les podemos ofrecer. Pero esto requiere de nuestro tiempo y dedicación, de estar presentes... ¿Estamos dispuestos a hacerlo?

Te planteo una sencilla actividad de reflexión que te

ayudará a ponerte en la piel de tus hijos. Intenta contestar con sinceridad estas preguntas:

- ¿Recuerdas cuáles eran tus miedos cuando eras niño?
- ¿Eran miedos naturales o algún adulto de tu entorno propició que aparecieran?
- ¿Crees que los has superado o sigues teniendo alguno de ellos?
- ¿Qué hiciste para enfrentarte a estos miedos?
- Cuando tenías miedo, ¿qué esperabas de los adultos que te rodeaban? ¿Cómo te gustaba que actuaran contigo? ¿Qué necesitabas de ellos?

Esto te ayudará, por un lado, a no transmitirles y contagiarles miedos innecesarios y, por otro, a darte cuenta de que muchos de los miedos van a desaparecer de manera natural. ¿Lo importante? Que estemos ahí y les acompañemos, **que se sientan escuchados y comprendidos.** Y que valoremos sus progresos cuando vayan superando esos miedos, que les reconozcamos su valentía al enfrentarlos y dejarlos a un lado.

Y para terminar este apartado no me gustaría olvidarme de algo muy importante. Además de estos miedos de los que te he hablado puede surgir uno que nosotros les generamos con nuestra manera de actuar y proceder a la hora de establecer disciplina. Y no es más que el miedo que pueden llegar a tenernos a nosotros, los padres. Les generamos este miedo con nuestros gritos cuando nos enfadamos, les amenazamos, les castigamos, etc. Mucho cuidado con esto porque cuando los niños se asustan dejan por completo de escuchar, las emociones lo ocupan todo. Por eso no funcionan ni sirven de nada las regañinas. Desconectan los pensamientos y solo quedan las emociones. Y en ese momento la emoción predominante es el miedo. Y **el miedo bloquea,** tenlo en cuenta.

Hablaremos de esto con más detalle cuando abordemos el tema de la disciplina. Pero **que las personas que deberíamos aportar mayor seguridad y tranquilidad a nuestros hijos seamos los que más miedo les generamos porque no se comportan como esperamos es preocupante.**

DEL MIEDO A LA VIDA AL AMOR POR LA VIDA

Tomar como modelo a los padres para afrontar los miedos es algo positivo, pues permite al niño dar un gran paso hacia su propia autonomía. Pero aprender de ellos que la vida es apasionante, que cada día es nuevo y que depende de él hacerla bonita resulta esencial.

Es importante que tengamos en cuenta que el niño capta la imagen que tú le muestras del mundo:

¿El mundo es un lugar agradable para vivir?

¿Merece la pena conocer y explorar el mundo?

¿Es posible ser feliz en esta vida?

¿Las demás personas son potencialmente amigos o enemigos?

No lo dudes, el niño responderá a estas preguntas **observando cómo vives y reaccionas.** Eres su verdadero ejemplo.

Todos queremos educar a nuestros hijos para que sean felices. Es el objetivo que nos marcamos con la educación.

Para ello hemos de empezar nosotros y demostrarlo, aunque solo sea para darles ejemplo. **¿Cómo transmitir la energía y la alegría de vivir si no la sentimos nosotros?** No podemos hacerlo mediante grandes teorías ni consejos complicados. Con menos palabras: a vivir se aprende viviendo. Como afirma Marian Rojas Estapé:

La felicidad no se define, «se experimenta».

Los padres debemos ser un ejemplo de afecto y alegría de vivir... Eliminemos el rechazo, la ira, la frustración, etc. Nuestras actitudes son las que nuestros hijos van a imitar. ¿Quieres que tu hijo ame la vida sin temerla? Expresa en tu día a día hasta qué punto aprecias la vida. ¡¡¡Demuéstralo!!!

Muéstrale la alegría que podemos sentir al compartir una buena comida, sentarnos al sol, tomar un baño, jugar con un animal, realizar un proyecto que nos gusta o aprender algo nuevo. En definitiva, todos aquellos pequeños (y grandes) momentos que conforman la vida. Son las pequeñas cosas las que hacen grande nuestra vida.

Más que tus discursos o exigencias, el niño aprenderá las lecciones sobre la vida observándote vivir cada día.

El amor por la vida pasa por valorar y transmitir este **valor por las pequeñas cosas.** En algunas familias, los padres están muy ocupados y preocupados en «dar a sus hijos todo lo que les piden», preocupados porque «no les falte de nada». Estos padres se desviven por atender todas sus demandas, peticiones y caprichos. ¿Por qué ocurre esto? En muchas ocasiones es por querer llenar espacios y carencias como, por ejemplo: la falta de tiempo, la falta de atención, de estar con ellos...

No queramos darles todo, empecemos por darles lo esencial. No confundamos ser buenos padres con «darlo todo» o sobreproteger a nuestros hijos. Ellos esperan otra cosa de nosotros. No es nada del otro mundo y por su sencillez tendemos a olvidarlo y descuidarlo: **son pequeñas cosas, pequeños momentos...**

Aquí te dejo algunos ejemplos:

- Valorar ese dibujo o manualidad que nos muestran con tanta alegría e ilusión cuando regresan del cole. Para nuestros hijos es lo más importante en ese momento y quieren que se lo reconozcamos. Si tu hijo te está regalando un dibujo suyo, guárdalo como un tesoro ¡porque te está regalando su alma!
- Apagar por completo nuestros teléfonos móviles cuando estamos disfrutando de una tarde con ellos. Estar con nuestros hijos no es lo mismo que compartir espacio con ellos, requiere de nuestra atención y PRESENCIA.
- Pasear y disfrutar de una puesta de sol.
- Observar juntos el cielo nocturno haciéndonos preguntas.

Estas pequeñas cosas son las que realmente perduran en la memoria. Son las que siempre recordarán y no si les hemos comprado un móvil de última generación, un iPad o la videoconsola del momento. Con el tiempo se darán cuenta de que lo material no les llena, sino que todavía les produce un mayor vacío interior y una insatisfacción que intentarán suplir con más objetos materiales pero sin éxito.

Cuando nuestros hijos crezcan, miren hacia atrás y hagan memoria sobre lo vivido recordarán con cariño esas pequeñas cosas, esos pequeños momentos compartidos en los que estábamos presentes, en plenitud con ellos, compartiendo experiencias de vida. Eso no se olvida. **Eso es la vida.**

> Vivir es confiar a pesar de todo;
> es esperar a pesar de todo;
> es sonreír a pesar de todo.
> Pero...
> también es admirarse, porque merece la pena;
> también es ilusionarse, porque merece la pena;
> también es soñar, porque merece la pena;
> y es abrazarlo todo,
> porque,
> ¿cómo podríamos vivir sin abrazar?

JORDI LLIMONA

Por lo tanto, nuestro propósito debe ser **transformar el miedo en consciencia.** Como señala Shefali Tsabary:

Al hacernos conscientes del miedo subyacente tras todas las reacciones, especialmente ante los hijos, se nos brinda la oportunidad de analizar nuestras antiguas maneras de proceder y relacionarnos con el mundo y sustituirlas por otras más evolucionadas que responden a la situación presente.

Por este motivo **debemos romper las cadenas del miedo que nos dejaron los que nos antecedieron y sustituir** las viejas formas de proceder por otras nuevas, mucho más consciente y evolucionadas. De esta manera no solo liberamos a nuestros hijos sino a nosotros mismos. En la medida en que lo hagamos con éxito empezaremos a disfrutar de los hijos y de nosotros mismos, acercándonos al sendero de la felicidad.

¿EMPEZAMOS?

No cargues con el peso de la culpa: lo mejor eres TÚ

¿Y qué hacemos con la culpa? Se trata de una emoción que experimentamos de manera intensa cuando somos padres. Pocas emociones pueden resultar tan tóxicas y destructivas como la culpa. Considero que es fruto de esa perfección a la que se nos empuja desde la sociedad tan exigente en la que vivimos: tenemos que ser unos profesionales excelentes y, cómo no, también unos padres excelentes. Parece que tenemos que hacerlo todo bien y sin equivocarnos. Pues no. Debemos relajarnos y **asumir que vamos a hacerlo lo mejor posible,** con nuestros aciertos pero también con errores. De eso se trata, de mejorar y crecer.

Y esto lo vivimos desde la llegada de nuestros hijos al mundo. Los miedos y preocupaciones que he señalado en los apartados anteriores nos llevan a pensar que no lo estamos haciendo bien y a cargar con una culpa excesiva que nos impide educar con calma y nos genera ansiedad. Y sobre todo no nos permite disfrutar del día a día en la educación de nuestros hijos. La culpa hunde y no permite avanzar.

En algunos casos es tan grande este sentimiento de culpa que llegamos a decirnos a nosotros mismos: *«Yo no valgo para esto»* o *«Yo no sé educar a mis hijos»*. ¿No te ha pasado nunca? A mí sí, y no por eso eres peor padre o madre. Al contrario, si te vieras desde los ojos de tus hijos te darías cuenta de que **lo mejor para ellos eres TÚ.**

YO TAMBIÉN ERA EL PADRE PERFECTO HASTA QUE FUI PADRE.

Cuando llega nuestro hijo al mundo, recibimos un bombardeo de consejos por parte de nuestro entorno cercano (la gran mayoría de ellos bienintencionados) que pretendemos asimilar, gestionar y que sin darnos cuenta van calando y nos conducen a vivir con un sentimiento de culpa que es absolutamente innecesario. Y no solo estos consejos de nuestro entorno hacen que nos sintamos así, sino determinados mensajes que se transmiten a través de las redes sociales, revistas, blogs, etc., que no ayudan en nada a las madres y los padres en su proceso de crianza. Es más: generan dudas, inseguridades y mucho sentimiento de culpa.

Hace poco vi una publicación en Instagram con motivo de la celebración de la *Semana Mundial de la Lactancia Materna*, que suscitó numerosas críticas y opiniones, ya que los que comentaban la publicación consideraban que con la misma se estaba juzgando, señalando e incluso culpabilizando a aquellas madres que no estaban dando el pecho a sus hijos. Creo que es importante respetar las decisiones que toman los padres y no añadir más culpa. Esto no ayuda en nada y lo único que conseguimos es aumentar sus miedos e inseguridades. Por eso la clave está en algo que considero esencial: **el respeto.**

Por lo tanto, **sigue tu brújula interior,** mantén tu independencia ante el juicio y la opinión de los demás y consigue la aprobación más importante: la tuya. Esta variación de una fábula de Esopo lo explica muy bien:

Había un hombre sabio cuyo hijo no se atrevía a abandonar su casa porque tenía miedo de que le consideraran una mala persona. El padre le dijo que no tenía que preocuparse tanto por lo que pensaban los demás y que tenía que escuchar su corazón y su mente. Para que lo entendiera, el padre le pidió a su hijo que en los próximos días le acompañara en sus viajes al mercado.

El primer día, el padre montó el burro y el hijo fue a su lado. Por el camino, los paseantes criticaron al padre por hacer que un niño pequeño fuese a pie con el calor que hacía.

El segundo día, el hijo montó el burro y el padre caminó a su lado. Esta vez, los paseantes comentaron la falta de respeto del hijo por permitir que un hombre mayor fuese a pie mientras él viajaba cómodamente.

El tercer día entraron en el mercado caminando ambos junto al burro. La gente hacía comentarios sobre lo estúpidos que eran: «¿Es que no saben que los burros se han hecho para montarlos?».

Al día siguiente, tanto el hijo como el padre montaron en el burro, y la gente expresó su indignación por su crueldad al obligar al animal a cargar con tanto peso.

El quinto día cargaron el burro a la espalda. Todo el mercado se rio y les ridiculizó.

El hombre sabio se dirigió entonces a su hijo y le dijo: «Ya lo ves. Hagas lo que hagas, siempre habrá gente que lo desaprobará. Por lo tanto, no te preocupes por la opinión de los demás y haz lo que creas que es justo y correcto».

Y eso es justo lo que te pido a ti:

NO TE ENFOQUES TANTO EN LA OPINIÓN Y EL
JUICIO DE LOS DEMÁS Y HAZ LO QUE CREAS QUE
ES JUSTO Y CORRECTO.

Me gusta mucho este texto de Jaione (*Más allá del rosa
o azul*)* que da en el clavo:

> Lo mejor no es el pecho. Lo mejor tampoco es el bibe-
> rón. Lo mejor no es que lo cojas. Lo mejor tampoco es que
> lo dejes de coger. Lo mejor no es que lo tumbes así. Lo
> mejor tampoco es que lo tumbes del otro modo. Lo mejor
> no es que lo tapes de una forma. Lo mejor tampoco es que
> lo tapes de la otra forma. Lo mejor no es que lo abrigues
> con esto. Lo mejor tampoco es que lo abrigues con aquello.
> Lo mejor no es que le des purés. Lo mejor tampoco es que
> le des trozos. Lo mejor no es lo que te dice tu madre. Lo
> mejor tampoco es lo que te dice tu amiga. Lo mejor no es
> que esté con una niñera. Lo mejor tampoco es que vaya a
> la guardería o esté con abuelos. Lo mejor no es que siga ese
> tipo de crianza. Lo mejor tampoco es que siga ese otro
> estilo de crianza.
> ¿Sabes lo que realmente es lo mejor?
> LO MEJOR ERES TÚ.
> Lo mejor es lo que a ti te hace sentir mejor. Lo mejor
> es lo que tu instinto te dice que es mejor. Lo mejor es lo
> que a ti te ayuda a estar bien también. Lo mejor es lo que
> te permite a ti ser feliz con tu familia. Porque si tú estás
> bien, ellos reciben lo mejor.
> Porque lo mejor eres tú. Porque si tú te sientes segura,
> ellos también se sienten seguros.

* www.masalladelrosaoazul.com

Porque si tú crees que lo estás haciendo bien, tu tranquilidad y felicidad les llega a ellos.

PORQUE LO MEJOR ERES TÚ.

Dejemos de intentar decir a cada madre / padre qué es lo mejor.

PORQUE LO MEJOR REALMENTE PARA TUS HIJOS ERES TÚ.

Los padres de hoy **nos culpamos por todo:** porque no les dedicamos bastante tiempo, porque creemos que no los atendemos lo suficiente, porque pasan excesivo tiempo en clases extraescolares, etc. Tal es así que nos culpamos hasta por los errores y caídas de nuestros hijos asumiéndolos como propios. ¿De verdad crees que si tu hijo obtiene malos resultados académicos es culpa tuya? Me he encontrado con padres que lo viven así. Incluso utilizan el plural para referirse a ello: «Hemos suspendido solo una»; «Este trimestre hemos mejorado». Con estas actitudes no permitimos que nuestros hijos CREZCAN (así, en mayúsculas). **No asumamos sus responsabilidades como propias.**

Veamos un ejemplo de algo que he vivido en primera persona. Recuerdo cuando mi hijo empezó a jugar al fútbol con diez años. Entre semana tenía que ir a entrenar y los sábados eran los días de partido. Cuando llegaba el sábado tenía dos opciones: asistir a los partidos a ver jugar a mi hijo o bien quedarme en casa avanzando tareas y aprovechar la mañana. Y aquí es donde viene lo curioso. Eligiera lo que eligiera, **tenía la sensación de que lo estaba haciendo mal.** Si elegía ir al partido tenía un sentimiento de culpa por no estar en casa avanzando esas tareas que debía terminar. Pero si me quedaba en casa terminándolas, el sentimiento de culpa venía por no estar en el partido de mi hijo;

tenía la sensación de estar haciendo algo mal, de ser un mal padre.

Como ves, hagamos lo que hagamos, ese sentimiento de culpa nos acompaña y debemos poner los medios para eliminarlo. Esto nos permitirá disfrutar de la educación y crianza de nuestros hijos. Te invito a que te detengas y reflexiones sobre las situaciones que te generan un mayor sentimiento de culpa.

Te planteo un sencillo ejercicio: dedica cada día de manera sistemática un tiempo para pensar en lo que haces bien con tus hijos (que seguro que es mucho) y reflexiona sobre ello. **Pon el foco en los aciertos y no tanto en los errores.** Que nos equivoquemos no significa que lo hagamos todo mal ni que seamos culpables de todo lo malo que sucede.

Los niños tienen derecho a tener unos padres imperfectos.

GREGORIO LURI

Me gustaría compartir contigo **8 claves para que puedas eliminar este sentimiento de culpa** en tu día a día:

1. Asume que **no eres un padre/madre perfecto/a.**
2. **Valora** tus fortalezas como padre/madre, lo que haces bien.
3. Prioriza. **No hay tiempo para todo.**
4. **No te juzgues** con tanta dureza.
5. **Céntrate en lo que haces con tu hijo** y no en lo que dejas de hacer con él.
6. **Cuidado con el victimismo,** no caigas en la queja constante.

7. Dedica **tiempo de calidad.** Cuando estés con ellos que sea con auténtica presencia.
8. **No suplas este sentimiento de culpa con regalos materiales.** Es un error.

Pongamos el foco en lo importante y cuando seamos capaces de aceptar los aspectos de **desaprendizaje y reaprendizaje de la paternidad** estaremos listos para educar a los hijos tal como su individualidad merece. Como destaca Shefali Tsabary:

> La educación consciente es un músculo
> que debo ejercitar.

Y solo podremos iniciar este camino de educación consciente si eliminamos de nuestra vida el peso de la culpa que vamos arrastrando.

DE «NUESTRA» CULPA A «SU» CULPA

Y así vamos por la vida, cargados de culpas, arrastrándolas hasta el punto de que sin darnos cuenta **la proyectamos sobre nuestros hijos,** haciéndolos responsables de cosas de las cuales no lo son y asumir una serie de culpas que no les corresponden. Queremos que nuestros hijos sean felices, que tengan éxito en la vida y un sinfín de cosas que no podemos programar. Simplemente podemos darles las herramientas para caminar por la vida y que aprendan a superar las adversidades que la misma les irá presentando.

Hemos de evitar a toda costa la manipulación psicológica a la que muchas veces (con la mejor de nuestras intenciones, no lo dudo) los sometemos. Pongo un ejemplo:

Un buen día nuestro hijo nos dice que ha decidido dejar de estudiar porque prefiere dedicarse a hacer algo que le gusta, quiere emprender un proyecto distinto a lo que nosotros habíamos previsto para su vida. Nuestra reacción es decirle que se está equivocando y, además, hacerle sentir culpable por la decisión que está tomando haciéndole ver que nos está decepcionando. Con esta forma de proceder nuestro hijo no podrá experimentar un «crecimiento», no va a tener la sensación de poder «volar», pues con nuestra actitud lo que estamos haciendo es «atarlo». Además, en caso de que las cosas no le salgan como espera sentirá una gran culpa por no conseguir aquello que se había propuesto y la culpa añadida de decepcionarnos a nosotros, sus padres, que habíamos previsto lo que ocurriría. Muchos padres, cuando sucede esto, son capaces de regalar a sus hijos una frase que personalmente la entiendo como una sentencia: «Mira que te lo dije». O esta otra: «Si nos hubieras hecho caso...». ¿De verdad piensas que eso le ayuda en algo?

¿Cuántos adultos recordamos estas frases porque nos las han dicho alguna vez? Como puedes comprobar, ya no se trata de la frase en sí sino de la carga emocional que conlleva.

Otro ejemplo que me he encontrado en más de una ocasión viene de esos padres que **eligen y deciden todo por sus hijos.** Los apuntan a clases extraescolares sin tan siquiera tener en cuenta si aquello a lo que les han inscrito les gusta. Esto no deja de ser una proyección por nuestra parte: queremos que nuestro hijo pueda hacer aquello que nosotros no pudimos en su momento (frustraciones y deseos no cumplidos). Lo que ocurre es que no somos conscientes de hasta qué punto el niño se puede sentir mal, culpable e incluso con miedo a decirnos que quiere dejar esas clases con las que nosotros estamos tan ilusionados. Pregúntate: *¿De verdad le gusta la música?*, *¿le has preguntado si quiere tocar el piano?*, *¿le has dado la opción de elegir?*, *¿ha de jugar al fútbol porque te gusta a ti?*

Por lo tanto, recuerda algo muy importante y que es la clave de todo:

ESCUCHA A TU HIJO.

Esta manera de actuar por parte de algunos padres no hace sino **aumentar el sentimiento de culpa** de los hijos, que sienten que si les dicen que quieren dejar las clases van a decepcionarles. Hay mucho chantaje emocional por parte de los adultos que debemos evitar. Y no solo eso, sino también una forma de manifestar nuestro deseo de **controlar sus vidas.** Desterremos por completo frases como: «Con todo lo que yo he hecho por ti y así me lo agradeces...».

Permitamos que elijan, que se equivoquen, que caigan, que se levanten, que crezcan... No podemos calcular ni diseñar al milímetro la vida de nuestros hijos. Ni podemos ni debemos hacerlo.

Libera a tus hijos de creer que te sacrificaste por ellos. Diles que todo lo que hiciste fue por amor. Déjales libres de carga.

Así es, **tu hijo es único**. ¿Te sorprende esta afirmación? Aunque tengas varios hijos, **cada uno de ellos es único**: con sus propias cualidades, defectos, fortalezas, debilidades, etc. No intentes buscar a tu hijo en un manual de crianza porque no lo encontrarás. Tampoco lo busques en su hermano: son diferentes (incluso si son gemelos). No lo busques en su amigo o en el niño que tú fuiste. Porque seguramente tu hijo se aleje de todos ellos, es posible que tenga unas cualidades por completo distintas y esto no tiene que ser motivo de frustración para nosotros, sino más bien debemos valorar su individualidad y amarlo por lo que ES, una persona única e irrepetible.

Todos, cuando vamos a ser padres, nos «imaginamos» qué tipo de padres vamos a ser, cómo lo vamos a hacer. Del mismo modo también imaginamos y «soñamos» el hijo que va a venir, añadiéndole todo tipo de cualidades. Incluso llegamos a pensar que ese niño será como queremos que sea. Y esto es un error y la fuente de una gran cantidad de frustraciones porque lo que nosotros habíamos pensado no coincide con la realidad, con el niño que tenemos delante. Debemos ser unos padres realistas y no proyectar en nuestros hijos sueños incumplidos. No está mal soñar, pero sin perder de vista que es solo eso: un sueño.

¿Has visto alguna vez a ese padre que le regala a su hijo de tres años un Scalextric? ¿Lo hace por el niño o por el simple hecho de que es algo que él no pudo tener?

Así que deberíamos hacernos un par de preguntas importantes antes de seguir: *¿lo que soñamos es lo mejor para* *él?, ¿o se debe a una proyección de nuestros sueños incumplidos?*

Una de las cosas más difíciles que existen es amar y aceptar a nuestros hijos por lo que SON. En lugar de ello, nos centramos en lo que percibimos como sus defectos y nos preocupamos por nuestros sueños y proyecciones, relacionados casi siempre con su futuro. Nos inquieta que nuestras esperanzas sean destruidas. Otra vez por lo mismo, por nuestra incapacidad de VIVIR EL PRESENTE DE NUESTROS HIJOS y enfocarnos en un futuro idealizado.

Concéntrate en el hijo que tienes delante y no en la fantasía del que te hubiese gustado tener.

En palabras de Paloma López Cayhuela:

Hay que controlar bastante los sueños con respecto a los hijos porque a menudo son una fuente de frustración. Comprobarás día a día cómo el hijo se aleja de todo aquello que teníamos programado para su éxito y felicidad, y esto a menudo nos aleja del hijo real: fijándonos en todo aquello a lo que no puede o no quiere llegar, acabamos por no ver su grandeza, lo que sí es capaz de conseguir. Estamos más ocupados en comparar al hijo real con el hijo ideal, que en estar allí fortaleciendo las debilidades y apoyando sus esfuerzos.

Te animo a que cojas papel y lápiz e intentes dar respuesta a estas cuestiones:

- ¿Qué expectativas crees que tuvieron tus padres sobre ti?

- ¿Qué te decían que «tenías que ser»? ¿Cómo te hizo sentir esto?
- ¿Cuáles son las expectativas que tienes tú sobre tu hijo? ¿Crees que son realistas y razonables?
- ¿Para qué crees que le servirá en la vida SER como tú esperas que sea?
- ¿Qué ejemplo deberías darle tú para que siga en esa dirección? ¿Se lo das realmente?

Intenta cambiar la «perfección» que buscas en ti o en tus hijos y en su lugar enfócate en el CRECIMIENTO.

HAZ LAS PACES CON LAS COSAS «TAL COMO SON». ACEPTA A TU HIJO Y A TI MISMO TAL Y COMO SOIS EN ESTE MOMENTO.

Cuatro claves para no «proyectarnos» en nuestros hijos

1. **Acepta sus errores y equivocaciones.** Son magníficas oportunidades de aprendizaje y crecimiento.
2. **Sé realista.** Ten en cuenta sus capacidades y limitaciones. Adapta tus peticiones a su edad y características.
3. **Respeta sus tiempos.** Cada niño es diferente y consigue hacer las cosas a su debido tiempo.
4. **Reconoce su esfuerzo** y valora sus progresos.

Los hijos no son propiedad de los padres y no deben cumplir con las expectativas y proyectos de estos, sino que ellos deben tener y asumir sus propios proyectos.

JAVIER URRA

DISFRUTA DE CADA ETAPA

Cada etapa educativa tiene sus propias características y desafíos diferentes. Lo importante, como ya he comentado antes, es que nos enfoquemos en la etapa que estamos viviendo sin proyectarnos en las que tienen que venir. Lo realmente necesario es que **disfrutemos** en cada una de las etapas. No pretendo idealizarlas y decirte que todo es de color de rosa. Más bien al contrario, es importante tomar conciencia de que nos vamos a encontrar con problemas y dificultades. Y ahí está el verdadero desafío: **aprender a disfrutar en medio de la tormenta.** ¿Difícil? Sí, pero no imposible...

Como afirma el juez Emilio Calatayud:

> Niños pequeños, problemas pequeños y niños grandes, problemas más grandes...

Y es así. Los problemas cambian y evolucionan a través de las diferentes etapas que vamos atravesando y hemos de adaptarnos a ello. Muchos padres dejan de disfrutar porque **se resisten a estos cambios:** se resisten a que sus hijos crezcan, a que ganen autonomía, a que tomen sus propias decisiones, etc. Y esto es un error. La educación en esencia sirve para eso, para ofrecerles unas herramientas que les ayuden a caminar por la vida y a desprenderse de nosotros. La vida es un continuo desprendimiento. Si no lo vemos así, caemos en el peligro de sobreprotegerlos.

Disfruta de la magia de esas primeras caricias, de sus sonrisas, de sus primeras palabras, de sus primeros pasos..., pero disfruta también cuando empiecen a ponerse a la defensiva, a sentirse incomprendidos, a las discusiones propias de la etapa adolescente. **A veces se nos olvida que nosotros también hemos sido adolescentes.** Quizá sería importante recordar cómo te sentías tú en esa etapa. Te ayudaría mucho a ponerte en su lugar. ¿Lo intentamos?

Como destacan Begoña del Pueyo y Rosa Suárez:

> Si los disfrutamos de bebés, ¿por qué acabar la fiesta
> en la adolescencia?

Para disfrutar de cada una de las etapas es importante que aprendamos qué podemos esperar de nuestros hijos en cada una de ellas. No caigamos en **el error de esperar más de lo que pueden dar** para su edad o nivel de desarrollo.

Para educar bien a un niño es fundamental conocer con exactitud su proceso de desarrollo. Esto nos permitirá ofrecerle en cada momento aquello que realmente necesita.

Esto nos servirá para aprender a diferenciar entre una conducta totalmente normal de otra que no lo es, e intervenir de manera adecuada para darle solución. Aprenderemos que hay conductas normalísimas para la edad que tiene el niño y que, por lo tanto, podemos y debemos dejar pasar pues desaparecerán con el tiempo. Por el contrario, encontraremos otras que no podemos dejar pasar y nos tocará intervenir para ayudarle a corregirlas.

Una pequeña reflexión antes de pasar al siguiente apartado:

A lo largo de tu vida has ido atravesando diferentes etapas: has sido niño, después fuiste un adolescente y ahora eres un adulto... ¿No crees que cada una de estas etapas las has vivido y disfrutado de manera distinta? Estoy convencido de que si te dieran a elegir te quedarías con alguna de ellas. Pero siempre añadimos algo más: «Pues me quedo con la infancia, pero...». Somos así de inconformistas. Pero sobre todo somos conscientes que una etapa no tiene sentido sin la anterior o la siguiente. En eso consiste la vida: es un TODO. Todas ellas nos han aportado y enriquecido con cada una de las experiencias vividas. Con las alegrías y los sinsabores. Intenta cambiar la mirada y ponerte en la piel de lo que están viviendo AHORA tus hijos, sin juicios, sin proyecciones futuras ni falsas expectativas. Notarás grandes cambios. ¿Lo intentas?

CRECER SIN ETIQUETAS

Te animo a que antes de seguir leyendo dejes el libro a un lado y te detengas a reflexionar sobre algo que considero muy importante:

- ¿Cuál crees que es la etiqueta o etiquetas que sigues arrastrando desde tu infancia?
- ¿Quién te puso esa etiqueta (tus padres, un profesor, algún familiar...)?
- ¿Hay algún miembro más de tu familia que arrastre una etiqueta?
- ¿Crees que es posible eliminar estas etiquetas?
- ¿Crees que las etiquetas nos limitan o condicionan?
- ¿Acabamos cumpliendo lo que esa etiqueta dice de nosotros?

Si tenemos una imagen negativa de nuestro hijo le generamos inseguridad. Por el contrario, una imagen positiva le inspira confianza. Si le repetimos continuamente a nuestro hijo que es un vago o un desordenado, se comportará como tal. Acabará volviéndose así. Es lo que se denomina «autoprofecía cumplida». De hecho, cuando le asignamos una etiqueta le estamos condicionando, limitando y no le permitimos CRECER.

Las etiquetas son para la ropa, no para las personas.

ETIQUETAS = LIMITACIONES + PREJUICIOS

La autoprofecía cumplida es un término acuñado por el sociólogo estadounidense Robert Morton: *cuando planteamos una definición falsa sobre una situación que suscita una conducta, provocamos el cumplimiento de esa apreciación. La validez de la profecía que se cumple a sí misma perpetúa el error, pues el «profeta» citará el resultado final como prueba de que tenía razón desde el principio.*

Por este motivo, cuando repetimos mil veces a nuestro hijo que es un desastre o que es un desordenado, al final acaba convirtiéndose justo en eso. **Se acaba creyendo la etiqueta que le asignamos continuamente.**

Cuando juzgas a otros no los defines,
te defines a ti mismo.

Wayne Dyer

En lugar de decirle... «eres un desordenado», deberíamos decirle: «tienes que recoger tus cosas, los juguetes están fuera de su sitio». Es algo mucho más concreto y fácil de entender por el niño, pues de este modo **aprende qué se espera de él.** Tenemos que decirle claramente lo que no nos gusta pero **sin generalizar,** concretando al máximo para que el niño aprenda qué es lo que esperamos de él. Siempre tenemos que darle la opción de mejorar, de crecer. No podemos estar siempre bombardeándolo con mensajes negativos que le lleven a asumir que esa es su forma de ser y siempre va a ser así.

Estas etiquetas asientan en el niño toda una serie de **creencias limitantes.** Estas últimas son esas cosas que pensamos sobre nosotros mismos o sobre el mundo que nos rodea y que nos limitan. Están alojadas en nuestra mente subconsciente y no son fáciles de detectar a simple vista. Como destacan Verónica de Andrés y Florencia Andrés:

> Las llamamos «cuerdas invisibles», porque como tales lo que hacen es atarnos al pasado. Y suelen ser cuerdas fuertes, que provocan que cualquier esfuerzo «consciente» por cambiar una situación termine siendo bastante difícil.

Eliminemos etiquetas y prejuicios, y valoremos a nuestros hijos por lo que realmente SON. Rompamos esas «cuerdas» que los atan. Esto les permitirá crecer sin limitaciones y con una sana autoestima. Hablaremos de ello más adelante.

> Si aceptas una creencia limitante, se volverá
> una verdad para ti.
>
> LOUISE HAY

Los padres tampoco nos escapamos de ser etiquetados. Vivimos en una sociedad en la que todo tiende a estar encasillado y etiquetado, y por este motivo nos encontramos con múltiples etiquetas que se nos asignan según la manera que tengamos de educar y criar a nuestros hijos. Es curioso porque casi todas ellas (todas, diría yo) **tienen una connotación negativa y no aportan nada positivo:** *padres primerizos, padres sobreprotectores, hiperpadres, padres helicóptero, madres tigres, etc.* Podría seguir el listado. Como puedes ver, hagas lo que hagas y cómo lo hagas, tus amigos, compañeros, familiares te van a colgar alguna de estas etiquetas (aunque no te lo digan a la cara). Y estas etiquetas van saboteando tu confianza, tu seguridad, etc. Si te las acabas creyendo ocurrirá lo mismo que con las que he comentado en el apartado anterior: te convertirás en eso.

Por lo tanto, el camino es el mismo: tenemos que estar por encima de eso y evitar creernos estas etiquetas asumiendo que somos los responsables de la educación de nuestros hijos, nos equivoquemos más o menos. **Lo hacemos lo mejor que podemos y sabemos, siempre mirando por su bienestar y felicidad.**

> Siempre da un triste espectáculo aquel que juzga a otro
> que trata de vivir la vida a su manera.
>
> ALBERT EINSTEIN

Por ese motivo **lo importante es lo que tú piensas.** No lo estás haciendo mal por intentar educar a tu hijo de una forma u otra, el que se equivoca es el que te juzga por cómo lo estás haciendo. Libérate de lo que digan y piensen los demás. Porque, hagas lo que hagas, te van a juzgar y criticar. **Haz lo que consideres correcto para ti y para tus hijos.** Solo tú serás capaz de descubrir qué es lo mejor que puedes hacer. Con este libro solo pretendo ayudarte a conseguirlo. Libérate de las etiquetas, las miradas y los juicios. Lo que los demás piensen importa bien poco.

2

Educar en el SER

> En lugar de criar niños que crezcan bien «a pesar» de su infancia, criemos niños que crezcan extraordinariamente bien «debido» a su infancia.
>
> L. R. Knost

Vivimos en **una sociedad que pone el foco en el TENER y nos aparta del SER.** Valemos por lo que tenemos: nos llegamos a identificar hasta el extremo con nuestras posesiones. Por lo tanto, si dejamos de tener, ¿qué somos?, ¿qué valemos? Ahí vienen los problemas. Nuestro trabajo como padres y educadores debe enfocarse en ofrecer las herramientas necesarias para que nuestros hijos puedan crecer felices siendo lo que SON. Sin tener en cuenta el juicio, la mirada externa, la aprobación continua... Algo tan complejo en el mundo de hoy.

Es necesario centrar la mirada hacia nuestro interior, hacia lo que realmente SOMOS. Algo muy difícil en la era de Instagram, TikTok y demás redes sociales en las que *vales por lo que muestras, por lo que aparentas...* Es una triste realidad. Pero es el mundo en el que nos ha tocado vivir y en el que estamos educando a nuestros hijos. Como ya he comentado, es necesario que les dotemos de las herramientas necesarias para que no necesiten de esta aprobación externa en su vida. Solo así serán capaces de **conquistar la auténtica FELICIDAD** (la que va de dentro hacia fuera y no al contrario). Profundizaremos, sobre todo, en esto y mucho más en este segundo capítulo del libro.

Es preocupante porque la ansiedad está creciendo en niños y adolescentes. Los trastornos mentales también están afectando a los más pequeños. Vivimos en una sociedad donde los padres nos implicamos y pasamos más tiempo con ellos que el que pasaron los nuestros con nosotros, queremos que nuestros hijos no sufran, pero al mismo tiempo crece la ansiedad, el estrés, etc. ¿Qué está ocurriendo?

Veamos estas noticias:

La ansiedad en los adolescentes va en aumento: ¿qué está pasando?*

De acuerdo con el Instituto Nacional de la Salud, cerca de 1 de cada 3 adolescentes entre las edades de trece y dieciocho años puede tener un trastorno de ansiedad. El número va en aumento; entre el 2007 y el 2012, los trastornos de ansiedad en los niños y adolescentes aumentó un 20 %.

Estas estadísticas, combinadas con el hecho de que el índice de admisiones en los hospitales de adolescentes que intentan suicidarse también se ha duplicado en la pasada década, nos dejan preguntas alarmantes.

* <https://www.healthychildren.org/Spanish/health-issues/conditions/emotional-problems/Paginas/Anxiety-Disorders.aspx>

Los trastornos mentales también afectan
a los niños*

Más del 20 % de los adolescentes en todo el mundo padece un trastorno mental. Cerca del 15 % de los adolescentes en entornos con ingresos medios y bajos han pensado en el suicidio, que es la segunda causa de muerte entre los jóvenes de quince a diecinueve años.

Son datos de la Organización Mundial de la Salud (OMS) y del Fondo de las Naciones Unidas para la Infancia (Unicef), que alertan de que cada vez más jóvenes sufren trastornos mentales que pueden producir ansiedad, autolesiones o incluso llevar al suicidio.

Por lo tanto, es necesario que cambiemos nuestro enfoque y, como estoy insistiendo a lo largo del libro, no pongamos tanto el foco en los niños sino en nosotros mismos. Debemos caminar hacia convertirnos en unos **auténticos PADRES CONSCIENTES.**

Y debemos recordar en todo momento que no estamos aquí para enseñar a nuestros hijos, sino que son ellos los que están aquí para enseñarnos. Y tienen mucho que enseñarnos y nosotros que aprender de ellos si estamos dispuestos a hacerlo. Se trata de una oportunidad de CRECIMIENTO para nosotros.

> Convertirte en un padre o una madre consciente
> es el mayor regalo que puedes darles a tus hijos.
>
> ECKHART TOLLE

* <https://www.lavanguardia.com/vida/junior-report/20191115/471622460995/adolescentes-trastornos-mentales-vulnerables.html>

Quizá la educación no sea más que eso: **recordar quienes SOMOS y a qué hemos venido a este mundo.**

Continuamos avanzando en este apasionante viaje... ¿Me acompañas? Si es así, sigue leyendo.

Como destaca Shefali Tsabary, «el modelo de **paternidad consciente** es un cambio del paradigma del modelo tradicional de educación». Según ella, en «este modelo tradicional criamos a nuestros hijos bajo el trasfondo de que "hay que arreglarlos", "hay que proyectarlos" y casi crear un SER perfecto». Y eso se aleja de la verdadera esencia de lo que es y debe ser educar. Por lo tanto, no proyectemos en ellos nuestros miedos y frustraciones, e intentemos establecer una profunda **CONEXIÓN** que les permita crecer sin limitaciones.

En este capítulo te voy a dar algunas ideas para que puedas conseguirlo. Siguiendo a la doctora Tsabary, me gustaría destacar que la mayoría de nuestros errores como padres se deben a la falta de comprensión de lo que nuestros hijos necesitan de nosotros para vivir felices. Ella señala que todos los niños desean saber tres cosas:

- *¿Se me ve?* ¿Hay una aceptación incondicional de quién es? Ser visto por quién ES, por su esencia.
- *¿Se me valora?* Si es digno de nuestra atención, aprobación y aprecio tal y como es sin necesidad de nada más. Me valoras como soy, diferente de tus sueños y expectativas para mí, aislado de tu agenda para mí.
- *¿Importo?*

Por este motivo vamos a ver qué podemos hacer para dar respuesta y acercarnos a lo que nuestros hijos necesitan para vivir felices.

Me gustaría empezar hablándote de la autoestima y cómo influye esta en nuestra felicidad (y, por supuesto, en la de nuestros hijos). Existen múltiples definiciones de autoestima. Una de ellas es «la manera en que nos juzgamos y evaluamos». Dicho de otro modo, la autoestima es **cómo nos sentimos con nosotros mismos.**

Consiste en todo el **conjunto de creencias, valoraciones y pensamientos** que tenemos sobre nosotros, y que hemos ido creando a partir de nuestras experiencias. La autoestima tiene varias funciones psicológicas. Estas son solo algunas de ellas:

- *Satisfacer tu necesidad de sentirte bien contigo mismo.*
- *Protegerte del miedo y de la incertidumbre.*
- *Motivarte en la lucha por tus metas.*
- *Reducir el impacto de los rechazos y reveses que sufres en tu vida.*

Se ha demostrado que la autoestima no depende de lo que tienes, de lo que sabes o de lo que eres. **Depende de CÓMO LO ACEPTAS.**

Tener una sólida autoestima te ayuda a ser capaz de aceptar tus fortalezas y debilidades para reconocer **tu propio valor.** Cuando gozamos de una alta autoestima (no debemos confundirla con el ego o el narcisismo), nos enfrentamos a las situaciones de la vida con una mayor predisposición que cuando tenemos baja autoestima, pues en este caso lo que nos ocurre nos afecta de una forma mucho mayor.

No se nace con alta o baja autoestima: esta evoluciona a medida que vivimos nuevas experiencias. Los eventos que tienen mayor influencia son aquellos que marcaron nuestra infancia: la manera en que nos trataron nuestros padres, profesores o amigos. ¿Comprendes lo importante que es trabajar y ayudar a nuestros hijos a mejorar su autoestima?

Cuando nos amamos realmente a nosotros mismos,
todo nos funciona en la vida.

LOUISE HAY

¿Cómo afecta la baja autoestima?

Un hijo con baja autoestima está convencido de que los demás no lo valoran, es su creencia base. Se siente poco querido, no valorado, sin talento destacable, impotente; tiende a mentir; echa la culpa a los demás o a las circunstancias siempre; se frustra sin consuelo alguno; se hace la víctima; pierde la ilusión; **se siente solo y lo más importante de todo: no es feliz.**

Además, la autoestima **siempre tiene un reflejo en el comportamiento.** Muchas de las conductas que no consideramos «buenas» en nuestro hijo vienen precisamente de una autoestima muy baja. Y no por eso podemos simplificar y decirle: «eres malo». ¿Recuerdas las etiquetas? Como puedes comprobar, influyen de manera negativa en la autoestima de nuestros hijos...

Te planteo un sencillo ejercicio: en una escala del 1 al 10, ¿qué nota pondrías a tu autoestima? ¿Por qué motivo has elegido ese número? ¿Crees que podrías mejorarla? ¿De qué forma? ¿Crees que mejorar tu autoestima afectaría a muchos ámbitos de tu vida? ¿Te das cuenta de lo importante que es que dotemos a nuestros hijos de las herramientas necesarias para fortalecer su autoestima?

¿Cómo ayudar a nuestros hijos a que tengan una sana autoestima?

Podemos llevar a cabo múltiples acciones para que nuestros hijos crezcan con una sana autoestima. Quiero compartir contigo estas cinco claves que son un buen punto de partida:

- **Acéptalo como es.** Centrarte en tu hijo real le ayudará a aceptarse también a sí mismo.
- **Permítele que se equivoque.** El error es una fuente de aprendizaje. Evita la sobreprotección.
- **Proyecta una imagen positiva** de ellos mismos para que se valoren.
- **Valida sus emociones.** No quites importancia a lo que están sintiendo. Es importante que se sientan valorados y que se les tiene en cuenta.
- **No les evites los conflictos.** Al contrario, ofréceles herramientas para que sepan abordarlos.

¿Y qué hay de tu autoestima?

No me estoy refiriendo a la autoestima tal y como la he definido anteriormente, sino que estoy hablando de tu *auto-*

estima educativa. Hay que tener en cuenta que, por desgracia, nos vamos saboteando (autosaboteando) con los mensajes, consejos, etc., que vamos recibiendo día a día hasta tal punto que empezamos a considerar que no somos capaces de educar bien a nuestros hijos. Aparecen las dudas, los miedos y el sentimiento de culpa, y la confianza en nosotros mismos se va debilitando... Debido a esta pérdida de confianza en nosotros mismos para educar, ponemos en marcha un complejo mecanismo de autosabotaje que nos hace ver las cosas de manera negativa y dejamos que se asienten en nosotros una serie de creencias limitantes que nos paralizan: «ya no sé qué hacer», «no sé de qué forma actuar», «no sé educar», «soy un fracaso total como padre», «no puedo hacerlo peor»... Esto es algo que debemos cambiar de inmediato si queremos tener éxito en nuestra tarea educativa, pues de lo contrario acabaremos asumiendo estas creencias.

Pero ¿sabes? Tengo una buena noticia para ti. Esta confianza la puedes recuperar e incluso aumentar. Este libro te va a ayudar a conseguirlo. Y siempre lo puedes tener a mano como un compañero que te anima, te motiva y acompaña en los momentos más difíciles.

La confianza en uno mismo es muy similar a los cimientos de un edificio. Si están bien hechos, el edificio va a ser fuerte y aguantará. Si por el contrario, los cimientos fallan, da lo mismo que construyas sobre ellos una gran catedral, se pueden venir abajo. Por eso es tan necesario que **construyas y trabajes la confianza en ti mismo**: ocurre como con los cimientos, es aparentemente invisible pero influye y afecta a toda la estructura.

Sé tu propio maestro, toma las riendas de tu vida y no dejes que otros decidan por ti.

Reto de siete días para mejorar y fortalecer la autoestima de tu hijo

He preparado para ti un reto (un programa) de siete días que te ayudará a **trabajar y fortalecer la autoestima de tus hijos.** Es una adaptación del programa que tenemos en marcha en la Escuela de Padres 3.0. Debes tener en cuenta que no es un reto que finalice una vez terminados estos siete días, sino que puedes volver a realizarlo cuantas veces quieras. Cada día del reto lo he dividido en dos partes: por un lado te explico la «teoría» y, por otro, te planteo una serie de ejercicios para que pongas en práctica lo aprendido.

Si tienes cualquier duda o quieres ampliar el contenido del reto solo tienes que escribirme a: info@escueladepadrestrespuntocero.es

¡VAMOS ALLÁ!

Día 1: Fortalezas

Uno de los grandes errores que cometemos los padres a la hora de educar a nuestros hijos es que casi siempre ponemos el foco en lo negativo, en lo que hacen mal. Podemos decir que la mayor parte del tiempo estamos encontrando defectos en lo que hacen. Nos centramos mucho más en sus debilidades que en sus fortalezas. Pero lo mismo nos ocurre con nosotros mismos. Hacemos mil cosas bien y nos quedamos con la que hemos hecho mal, con el error.

Esto lo compruebo en mis sesiones de Escuelas de Padres cuando les pido a los asistentes que me digan dos o tres cualidades positivas de sus hijos, pues les cuesta encontrarlas. Por el contrario, cuando les pido que me digan algún defecto, algo negativo, no tardan en darme una respuesta y además el listado es interminable. Es muy significativo.

Por este motivo, siempre destaco que los padres debemos convertirnos en auténticos **buscadores de tesoros.** Debemos explorar para encontrar esas fortalezas (tesoros) que poseen, valorarlas y acompañarles en el proceso de encontrar, identificar y trabajar sus «debilidades». Si actuamos así, no tengas duda de que siempre acabarás encontrando lo bueno.

Para conseguirlo, este primer día del reto te planteo un sencillo ejercicio:

1. Haz un listado con las cualidades positivas de tus hijos. Dedica unos minutos de tu tiempo a elaborar una lista que contenga todas las buenas cualidades, las FORTALEZAS que observas en tu hijo. El orden de las mismas es lo de menos, lo importante es que las anotes.

   Si no te acuerdas de todo, no importa, empieza ahora mismo el listado y poco a poco ve añadiendo más cualidades. Pon la lista en un lugar visible y de este modo siempre podrás recordar y valorar las fortalezas de tu hijo. Deja de centrarte en aquello que hace mal y no se lo repitas continuamente, pues al final se lo llegará a creer y actuará en consecuencia. No olvides que tiene cosas muy buenas y se las debes recordar cada día. Busca lo mejor y eso será lo que encontrarás.

Todo niño debería saber que es bueno para algo. Se lo hemos de reconocer y valorar.

Además, según la profesora de la Universidad de Stanford Carol Dweck existen dos mentalidades: la *mentalidad rígida y la mentalidad de superación*. Quien crece con la primera considera que nacemos con determinadas habilidades de escaso desarrollo: por lo que naces feliz o no, inteligente o no, etc. Una persona con mentalidad de superación cree que se puede mejorar en la mayoría de los ámbitos y eso incluye el desarrollo de la capacidad de ser feliz. No le importa equivocarse y es flexible a la hora de probar distintas formas de hacer las cosas. Fomentar en nuestros hijos la **mentalidad de superación** le ayudará a afrontar los retos diarios que le ofrece la vida.

Los hijos a los que se trata como si fuesen imposibles de educar a menudo llegan a ser imposibles de educar.

KENNETH B. CLARCK

Día 2: El poder del elogio

Quiero desvelarte uno de los «poderes mágicos» que poseemos para educar a nuestros hijos. Comprobarás que se trata de algo sencillo pero de gran eficacia.

También quiero destacar que hay que hacer uso de este poder con mucho cuidado y con una gran responsabilidad, pues si no se hace bien podemos conseguir el efecto contrario al que pretendemos.

Casi siempre esperamos que sean grandes y sofisticadas herramientas las que nos ayuden a educar, pero no acabamos de ser conscientes de que la efectividad está en lo sencillo, en lo cotidiano. Ahí reside el poder y la magia de educar.

José Antonio Marina destaca que hacia los dos años el niño dice una frase que nos retrata como especie: «Mamá, mira lo que hago». Como el propio Marina afirma: «Cuando el niño dice esta frase no está pidiendo un caramelo o un bombón, sino que está progresando y quiere que se lo reconozcamos».

Para progresar, evolucionar y CRECER el niño necesita:

- Sentirse útil y querido.
- Sentir que progresa.
- Ser tenido más en cuenta.
- Elevar y afianzar su autoestima.

Y todo esto lo conseguirá —o no— en función de nuestra manera de actuar como padres y educadores. Si en nuestra forma de comunicarnos e interactuar con nuestro hijo estamos continuamente destacando lo negativo, aquello que hace mal, conseguiremos que:

- No se sienta útil, transmitiéndole un sentimiento de incapacidad e impotencia para hacer las cosas bien.
- No sienta que progresa.
- Perciba que no le tenemos en cuenta y, como consecuencia de esto, deje de actuar y de llevar a cabo algunas tareas.
- Tenga un concepto negativo de sí mismo, una baja autoestima.

Ante todo, hemos de tener en cuenta que el elogio debe ser sincero y merecido. El niño se percata cuando lo alabamos «por obligación». Además, no podemos elogiarlo por cualquier cosa. Por ejemplo, no podemos decirle: «Muy bien, me encanta ese dibujo» cuando ha hecho un simple trazo en un folio. Debemos ir más allá del «Muy bien» o «Muy mal».

Veamos en qué situaciones haremos uso del elogio de forma eficaz:

1. **Debemos hacerle sentir importante.** El niño debe percibir que valoramos sus progresos y además necesita que se lo reconozcamos. Tenemos que decirle frases como «estás mejorando» o «la profesora me ha dicho que cada vez estás más atento en clase, no sabes lo que me alegra».
2. **Tenemos que destacar sus cualidades.** Es decir, debemos recalcar aquello que hace bien y recordárselo. No hace falta que sean grandes cosas, el secreto está en valorar y reconocerle esos pequeños detalles del

día a día: «has sido muy simpático con el vecino» o «eres muy bueno compartiendo con tus amigos, eres muy buen amigo».

3. **Debemos reforzar las conductas positivas.** Es mucho más efectivo elogiar las conductas positivas que sancionar las negativas. Cuando el niño tenga el comportamiento que esperamos de él, debemos elogiarlo y reconocérselo: «has recogido tú solo la mesa, ¡qué bien!», «muy bien por ayudar a tu hermana pequeña a subir la escalera, ¡eres muy buen hermano mayor!» o «me encanta cuando trabajas en silencio y concentrado».

4. **Alaba sus logros.** Tampoco hace falta que sean inmensos, podemos empezar con pequeñas cosas: «Ya te vistes tú solo, ¡enhorabuena!» o «te has esforzado mucho este curso, ¡enhorabuena por tu trabajo!».

Hemos de tener en cuenta algo muy importante que señala Marilyn Gootman en su libro *Guía para educar con disciplina y cariño*:

> No todos los elogios son estimulantes. En realidad algunos son contraproducentes e incluso pueden provocar un mal comportamiento en el niño. Si nuestro elogio es poco sincero o manipulador, puede salirnos el tiro por la culata y alejar a nuestros hijos de lo que esperamos de ellos.

Veamos algunas cosas que puedes empezar a hacer para lograr un uso eficaz del elogio:

1. Dile las cosas con cariño y, sobre todo, con sinceridad. El niño captará de inmediato si aquello que le

decimos es sincero o se lo decimos para quedar bien. Nada de elogios vacíos.

2. No elogies a tus hijos por cosas demasiado sencillas.
3. Destaca lo positivo aunque te parezca insignificante.
4. Pon el énfasis en los hechos y no en el autor de los hechos.
5. Valora sus logros (no hace falta que sean grandes logros, empieza por las pequeñas cosas del día a día).
6. Enfócate en elogiar el proceso, en su esfuerzo.

Veamos algunos ejemplos para elogiar el proceso:

- «Ha sido una tarea larga y complicada, pero no te has dado por vencido. Estoy muy orgullosa de ti por como te has mantenido concentrado y has seguido trabajando. ¡Buen trabajo!»
- «Has practicado ese baile muchas veces y hoy se ha notado mucho ese esfuerzo. ¡Has bailado muy bien!»

Cuando más trates de elogiar los procesos y el esfuerzo de tus hijos, mejor lo harás.

> La autoestima de un niño depende en gran parte de los mensajes que le envían sus padres.
>
> Anna Andreatta

Día 3: La trampa de la comparación

Cada niño es diferente. Además, como hemos visto, es ÚNICO y especial. Y, como hemos destacado, debemos valorar su individualidad y amarlo por lo que ES, una persona única e irrepetible. Por este motivo debemos evitar al máximo expresiones como «a ver si aprendes de tu amiga» o «tu hermana saca mejores notas que tú». Las comparaciones son odiosas. Este tipo de afirmaciones muestran al niño que es inferior en algo; es decir, sale malparado en la comparación. Con toda probabilidad, asumirá ese papel convencido de que aquello que le estamos diciendo es verdad. Siguiendo el ejemplo que he mostrado: *es peor que su amiga o menos inteligente que su hermana.*

Si estas comparaciones las llevamos a cabo entre hermanos se convertirán en **fuente de celos y conflictos** que podemos evitar. Los hermanos son diferentes y esto también lo hemos de asumir. Cada niño responde (y tiene derecho a hacerlo) de una manera distinta frente a una misma situación, y esto es así porque cada uno de ellos es único. Con las comparaciones solo conseguiremos minar su confianza y autoestima.

Si tienes hermanos haz una pausa y reflexiona sobre esto: ¿recuerdas cómo te sentías cuando tus padres te comparaban con alguno de ellos? Imagino que sí, especialmente si no salías muy bien parado de esta comparación. Evítalo con tus hijos. No les ayuda en nada.

Por lo tanto, en este tercer día del reto te planteo que intentes llevar a cabo estas acciones evitando al máximo las comparaciones:

1. Si haces alguna comparación, que sea autorreferencial, es decir, compara el esfuerzo o trabajo que ha realizado tu hijo con el último que él mismo llevó a cabo.

2. Recuérdale las cosas que ha hecho bien en el pasado. Todos nos sentimos bien cuando recordamos nuestros éxitos, cuando notamos que progresamos.

3. Intenta que te escuche cuando hablas bien sobre él a otra persona. De este modo podrá ver cuál es el concepto que tienes de él.

4. Sorprende a tu hijo y recuérdale que le quieres por lo que ES, no por lo que hace.

5. Atiende al uso que haces de las palabras «siempre» o «nunca». Son términos que sentencian de antemano al fracaso cualquier intento de cambio.

Pero no te olvides, **tú también vives en la trampa de la comparación.** Tendemos a compararnos con los demás de forma natural. Por lo general solemos hacerlo con personas que consideramos que están mejor que nosotros en algún aspecto de sus vidas. ¿Qué sentimiento te produce esto? Pues básicamente el mismo que en el niño: **un intenso sentimiento de inferioridad.**

Esto lo vemos con facilidad en las redes sociales, donde cada cual expone lo que quiere mostrar al mundo. Un consejo: no te creas todo lo que ves, todo lo que enseñan. Y no te compares con quien está mejor que tú. En todo caso intenta compararte con quien está peor y da gracias por lo que tienes, que es mucho.

Día 4: Permítele aprender de sus errores

Se habla mucho de la sobreprotección. En este apartado me gustaría dejar claro qué es para mí y cómo la podemos evitar.

Es necesario que permitamos que nuestros hijos caigan, se equivoquen, se levanten... Sobreproteger es en esencia desproteger. Y esto no es lo que queremos para nuestros hijos.

Aunque nuestros hijos no vayan en busca de problemas, estos se van a presentar en sus vidas de manera natural. Forman parte de la misma. ¿Qué sería de la vida sin problemas? Por lo tanto, cuando aparezcan, nuestros hijos tienen elección: *o los toman como una experiencia negativa que deben olvidar o tratan de comprender la lección que contiene cada uno de ellos.* Porque **todo problema o dificultad lleva consigo la semilla de una lección que debemos aprender.**

Este es un mensaje poderoso que podemos transmitir a nuestros hijos: *Las cosas no siempre nos van a salir bien. Nos vamos a equivocar muchas veces. Pero siempre tenemos la posibilidad de elegir sacar lo mejor de las cosas que nos pasan.*

Muchos padres cometen el error de sobreproteger a sus hijos. Y es un error porque la sobreprotección consiste en *no permitir a los hijos hacer las cosas para las que sí están preparados.* **Sobreproteger significa hacer por el niño (o adolescente) lo que él puede hacer por sí mismo.** Nace de la creencia errónea de que debemos ofrecer a nuestros hijos lo mejor, llevada en este caso al extremo en el que, en lugar de favorecer que sean personas autónomas y responsables, motivamos un tipo de personalidad débil y dependiente sin herramientas para enfrentarse ante la vida.

Si le damos de comer a un niño de tres años que ya puede comer solo, lo estamos sobreprotegiendo. Si vestimos a una niña de cuatro que ya puede vestirse sola, exactamente lo mismo. Si resolvemos los problemas de nuestro hijo adolescente también lo estamos sobreprotegiendo... Todos ellos son capaces de realizar estas tareas, pero somos los padres quienes los volvemos inútiles y dependientes. ¿Crees que esto les beneficia en algo?

Resolverle la vida a un hijo no es ayudarlo, es incapacitarlo.

Pero no pienses que la sobreprotección se refiere exclusivamente a los cuidados personales y hábitos de autonomía. Imagina esta situación:

La madre de Alberto ha ido a recoger a su hijo, que cursa tercero de primaria. Cuando lo ve llegar triste y cabizbajo, le pregunta qué le pasa y el niño le contesta: «Andrés me ha insultado». «¿Andrés? —contesta su madre—. No te preocupes, que ahora mismo hablo con él.» La madre se acerca a Andrés y le llama la atención y amenaza diciéndole que como se vuelva a meter con su hijo se las verá con ella...

Si intervenimos en este tipo de situaciones, los adultos no les permitimos la oportunidad a los niños de que aprendan a relacionarse y solucionar sus propios problemas y conflictos.

Y me pregunto: **si no lo hacen ahora que son pequeños, ¿cuándo lo aprenderán?**

Los padres hemos de ser conscientes de que educamos para ayudarlos a crecer y, sobre todo, para ayudarlos a partir en algún momento. En algún punto de su vida se marcharán. Deben aprender a ser lo suficientemente autónomos para **que llegue un momento en que no nos necesiten...**

Hay dos regalos que debemos ofrecer a nuestros hijos: raíces y alas.

Anne Bacus, en su libro *100 ideas para que tus hijos sean autónomos*, plantea algunas cuestiones que te animo a que intentes responderlas:

- ¿Tu hijo sigue siendo pequeño a tus ojos? ¿Sigue siendo «tu bebé» con diez años?
- ¿Cómo te sientes cuando tu hijo gana autonomía? ¿Orgulloso por él y por ti mismo o más bien triste por el papel que pierdes?
- ¿Sientes nostalgia cuando lo recuerdas más pequeño y, por lo tanto, más dependiente?

Características y actitudes del niño sobreprotegido

Este tipo de niños reúnen una serie de rasgos fruto de la educación que han recibido, que no les permite crecer. Ojo, no todos los niños sobreprotegidos poseen estas características, quizá algunas de ellas pero no TODAS al mismo tiempo. No pretendo etiquetar o encasillar a estos niños, pues entonces me estaría alejando del consejo que te he dado anteriormente. Es solo una manera de acercarnos a la forma de proceder de estos niños y de los padres que sobreprotegemos. Pero solo se trata de eso, de una aproximación. Veamos estas características:

- Carece de iniciativa personal.
- Demandante y exigente.

- Le cuesta adaptarse a las situaciones y depende de los adultos.
- Habituado a que le hagan las cosas y le sirvan.
- No es servicial ni se ofrece a ayudar a los demás.
- No es capaz de hacer las tareas sin ayuda.
- Egoísta e incapaz de ponerse en el lugar de los demás (carece de empatía).

Características de los padres sobreprotectores

Este tipo de progenitores también reúne una serie de rasgos y actitudes comunes. Y te digo lo mismo que en el apartado anterior: no todos los padres sobreprotectores poseen estas características, y mucho menos todas a la vez. Creo que es necesario recalcarlo. Veamos algunas de ellas:

- Lo defienden ante sus profesores (actúan como padres abogados).
- Se sienten culpables cuando no lo ayudan.
- Le hacen todo al niño: lo visten, le dan de comer... si pudieran también le masticarían la comida (para que no se ahogue).
- No permiten que realice salidas y excursiones en el colegio, por si le pasa algo.
- No permiten que otros adultos le corrijan.
- Seleccionan sus amistades.

Entonces me preguntarás: ¿qué podemos hacer?

Déjame compartir algunas ideas que puedes empezar a poner en marcha para *educar en la responsabilidad* y evitar caer en esta sobreprotección. Nuestro objetivo debe ser encontrar un equilibrio entre proteger y sobreproteger, pues la sobreprotección es la desprotección más absoluta. Es necesario **educar en la responsabilidad.**

El niño al que enseñamos a valerse por sí mismo crece con la seguridad de que puede seguir avanzando con la ayuda y supervisión de los adultos, que **le impulsamos a crecer y mejorar pero no a depender de nosotros.** Como acertadamente destaca Maite Vallet:

> A lo largo de la infancia, para crecer, el niño necesitará asumir constantes desprendimientos: el parto, el destete, el paso de alimento líquido a sólido, de ser alimentado a utilizar los cubiertos; pasará de arrastrarse a gatear, de gatear a ponerse de pie, de andar a correr, saltar y trepar; de no controlar sus esfínteres a controlarlos; de ser bañado y vestido a bañarse y vestirse; de vivir en un entorno familiar conocido a asistir diariamente a un entorno escolar...

Por lo tanto, **los padres ayudamos a nuestros hijos a crecer cuando les enseñamos a desprenderse de nosotros,** cuando les permitimos aprender a ser autónomos. Educar en la responsabilidad es un proceso lento y complejo, pero necesario.

Te planteo las siguientes tareas este cuarto día del reto que te ayudarán a conseguirlo:

1 No dejes que tu hijo atribuya los problemas que se le presentan a su incompetencia. Los problemas o dificultades no son un presagio inalterable de su futuro. Son fantásticas OPORTUNIDADES de aprender.

2. Demostrar a los niños el control que tienen sobre la

vida diaria (más del que parece) aumenta su confianza en sí mismos.

3. Acostumbra a tu hijo a hacerse preguntas como: «¿Qué lecciones puedo sacar de esto? ¿Qué he aprendido?».

4. Hazte preguntas como:
   - ¿Mi hijo se expresa libremente? ¿Se lo permito?
   - ¿Se atreve a cometer errores y buscar la manera de corregirlos?
   - ¿Se siente seguro para decir la verdad sin miedo a mi reacción?

RECUERDA:

Permite que el niño se enfrente a las dificultades que se le presentan desde pequeño sin resolverle la situación. Permítele que cometa errores y aprenda de ellos.

Día 5: Fomenta la comunicación para mejorar la CONFIANZA

Las palabras tienen un poder enorme. Aquello que decimos los padres y cómo lo decimos puede tener un enorme impacto. Sin darnos cuenta podemos decir cosas que humillan a los niños y dañan su confianza en sí mismos.

La comunicación, por lo tanto, fomenta la confianza. Si queremos promover y mejorar la confianza entre padres e hijos debemos:

- *Generar un buen clima de confianza.* Esto se consigue con pequeños gestos y acciones en nuestro día a día: prestándoles atención cuando nos hablan o escuchándoles de forma activa. Es necesario buscar y encontrar momentos óptimos para hablar con ellos. De esta forma sabrán que pueden contar lo que les preocupa y que se les escuchará.

- *No traicionar su confianza.* Si nos cuentan algún secreto, no debemos revelarlo a terceras personas (hermanos, otros familiares, etc.).
- *Escuchar de forma activa.* Mientras nos habla debemos mirarle, asentir con la cabeza y evitar estar haciendo otra actividad, como ver la televisión o consultar nuestro teléfono móvil.
- *El contacto físico ayuda a aumentar la confianza con ellos.* Cuando nos cuentan algo importante, cogerles de la mano o darles una pequeña caricia hará que se sientan más seguros.
- *Mantener el contacto visual mientras hablamos.* Para que una persona se sienta escuchada hay que mirarla. Nos pondremos a su nivel cuando nos hablen (nos agacharemos si es necesario, etc.).
- *No criticar ni emitir juicios.* Pongamos el foco en lo positivo.

Enemigos de la comunicación

Pero no siempre la comunicación que establecemos con nuestros hijos es efectiva. Y esto es así porque existen muchos «enemigos» que entorpecen esta comunicación. Aquí me gustaría mostrarte solo algunos de ellos:

1. *Las prisas y la falta de tiempo.* Vivimos en un mundo acelerado en el que nos da la sensación que el tiempo se nos escapa. Por este motivo debemos detenernos y buscar esos momentos necesarios para hablar y establecer una comunicación fluida, directa y efectiva con nuestros hijos. Aprovechemos para hablar de todo: de sus miedos, preocupaciones, gustos, intereses, etc. Todo ello nos ayudará a conocernos mejor. Hay familias donde padres e hijos son auténticos desconocidos. Y es muy triste.

2. *La tecnología.* Siempre defiendo y defenderé que la tecnología no es mala. Lo que ocurre es que un mal uso de la misma nos puede llevar a la incomunicación más absoluta. Cuidemos la comunicación cara a cara con nuestros hijos y pareja. Debemos ir más allá de los emoticonos, de los whatsapps y comunicarnos a golpe de clic. Desconectemos para CONECTAR.

En este quinto día del reto te planteo las siguientes tareas:

1. *Concéntrate en evitar expresiones negativas o destructivas* y en mejorar la comunicación con tus hijos a través de un lenguaje positivo, optimista y sincero. Comprobarás que se produce un gran cambio, incluso en el ambiente familiar.

2. *Cuida tu lenguaje no verbal.* Mantén en todo momento una actitud de escucha activa y además:
   - No hagas otra tarea mientras hablas con él. Préstale la máxima atención.

- Mírale a la cara y transmítele que él y lo que nos quiere contar en ese momento es lo más importante.
- Muestra empatía sobre aquello que te esté contando.

Nuestra comunicación no verbal puede apoyar nuestras palabras, darles más fuerza o bien debilitarlas. Nuestros gestos deben ser coherentes con lo que deseamos transmitir.

No ahorres palabras con tus hijos. Son GRATIS y le sirven para conocerse a sí mismo, ganando con ello confianza y seguridad.

Día 6: Educa en positivo

Más que nunca, para educar es necesario que actuemos con optimismo, alegría y entusiasmo, mostrando siempre nuestra mejor sonrisa, porque esto es lo que vamos a transmitir a nuestros hijos. ¿Quieres que tus hijos vivan y crezcan en un ambiente donde predominan las risas y la alegría o, por el contrario, en un entorno de juicio, crítica y malas caras? Yo lo tengo clarísimo...

Convierte siempre una situación negativa en una POSITIVA.

Shefali Tsabary nos da algunos consejos que te recomiendo que empieces a aplicar ya mismo:

- Acepta totalmente que educar significa educarte a ti, no a tu hijo.

- Date cuenta de que la responsabilidad del cambio es únicamente tuya, no de tu hijo.
- Toma conciencia de que tu lucha es un reflejo de tus conflictos internos (que proyectas en tu hijo).
- Transforma cada situación en la siguiente pregunta: «¿Qué dice esto de mí?».

Por lo tanto, cambiando este enfoque vamos a mejorar muchas cosas. Vamos a ver ahora en la práctica **qué podemos hacer.** Empecemos por cambiar nuestra actitud y, para ello, nada mejor que trabajemos en nosotros mismos tres cosas esenciales:

1. **Educar con una sonrisa** (a pesar de los malos momentos y las dificultades).
2. **Eliminar las quejas,** pues las mismas solo sirven para caer en una actitud victimista y eso es lo que aprenden nuestros hijos.
3. **Actuar con sentido del humor y optimismo.** Debemos empezar a desdramatizar muchísimas cuestiones que no son tan importantes en nuestro día a día educativo.

Además, debemos trabajar y ejercitar nuestra POSITIVIDAD. Esta es la vivencia frecuente de emociones positivas. Según la investigación de Barbara Fredickson, las diez emociones positivas que se experimentan con mayor frecuencia son:

1. Alegría.
2. Gratitud.

3. Serenidad.
4. Interés.
5. Esperanza.
6. Orgullo.
7. Inspiración.
8. Diversión.
9. Admiración.
10. Amor.

En este penúltimo día del reto te planteo las siguientes tareas:

1. Programa actividades en familia donde la risa y el humor estén presentes: actuaciones musicales, teatro, juegos de mesa, excursiones, etc.
2. Afronta con humor situaciones del día a día que parecen importantes. Esto lo podemos aprender de nuestros grandes maestros: nuestros hijos. La vida sin sentido del humor no tiene sentido.
3. Antes de que se acueste pregúntale a tu hijo cuál ha sido o cuáles han sido sus mejores momentos del día y el motivo. Aprovecha para contarle cuál ha sido el tuyo y qué has aprendido de ello.

Día 7: Confío en ti: puedes hacerlo

Entramos de lleno en el séptimo y último día del reto. Pero, como ya te comenté antes de empezar, este reto no termina aquí sino que puedes volver una y otra vez a él y hacerlo de nuevo, trabajando aquello que consideres que todavía no has conseguido... Ojalá pudiéramos cambiarlo todo en siete días. No sería realista si te dijese que puedes lograrlo.

Estoy cansado de ver y escuchar cómo de manera habitual transmitimos a nuestros hijos mensajes negativos (esto también ocurre en la escuela, doy fe) que condicionan su forma de actuar. **Fíjate en las veces al día que le repites a tu hijo las cosas que hace mal...**

Y no nos damos cuenta de que incidiendo en lo negativo magnificamos el fracaso; obtenemos mejores resultados si incidimos en la mejora o en la posibilidad de mejora. El niño necesita escuchar de nosotros, los adultos, que creemos en él. No pongamos el acento en las carencias.

En muchas ocasiones nuestros hijos no desarrollan todo su potencial porque somos nosotros los que, con nuestros actos o nuestras palabras, limitamos su verdadero crecimiento. Comparto esta fantástica adaptación del cuento popular **«El niño que pudo hacerlo»** hecha por Eloy Moreno y que resume muy bien esta idea:

Dos niños llevaban toda la mañana patinando sobre un lago helado cuando, de pronto, el hielo se rompió y uno de ellos cayó al agua. La corriente interna lo desplazó unos metros por debajo de la parte helada, por lo que para salvarlo la única opción que había era romper la capa que lo cubría.

Su amigo comenzó a gritar pidiendo ayuda, pero al ver que nadie acudía buscó rápidamente una piedra y comenzó a golpear el hielo con todas sus fuerzas.

Golpeó, golpeó y golpeó hasta que consiguió abrir una grieta por la que metió el brazo para agarrar a su compañero y salvarlo. A los pocos minutos, avisados por los vecinos que habían oído los gritos de socorro, llegaron los bomberos. Cuando les contaron lo ocurrido, no paraban de preguntarse cómo aquel niño tan pequeño había sido capaz de romper una capa de hielo tan gruesa.

—Es imposible que con esas manos lo haya logrado, es imposible, no tiene la fuerza suficiente. ¿Cómo ha podido conseguirlo? —comentaban entre ellos.

Un anciano que estaba por los alrededores, al escuchar la conversación, se acercó a los bomberos.

—Yo sí sé cómo lo hizo —dijo.

—¿Cómo? —respondieron sorprendidos.

—No había nadie a su alrededor para decirle que no podía hacerlo.

En definitiva, no intervengamos tanto para decirles a nuestros hijos que no van a ser capaces de hacer algo. Es mejor y más efectivo transmitir un mensaje claro y directo: *«Hijo, tú eres capaz de hacerlo y lo vas a conseguir»*. Eso le ayudará a CRECER SIN LÍMITES...

Para este último día del reto te propongo par de tareas sencillas:

1. *Apoya y anima.* El apoyo y el ánimo da a los niños la fuerza que necesitan para concentrarse mejor, para no dejar las cosas a medias, para lograr más y para sentirse bien acerca de su progreso. No se trata de «controlar» cada paso que dan. Más bien al contrario, hay que apoyar y animar para que vean que los valoramos y que nos importa lo que hacen.

2. *Convertir en éxito sus errores.* Como destaca Fernando Alberca: «No olvides que tu hijo ya es brillante por existir. Le debemos querer por el mero

hecho de estar en el mundo. Lo demás es mérito de su trabajo, preparación, acierto y aprovechamiento de sus errores. Sin errores no hay grandeza. La pequeñez o la grandeza solo se distingue en qué se hace cuando se yerra: si se supera y se mejora tras el error, se es más grande; si no, se es más pequeño».

Convierte en un tema los logros de tu hijo. Así como haces de los problemas y obstáculos un tema, eso mismo puedes hacer con sus éxitos.

AQUELLO EN LO QUE NOS ENFOCAMOS CRECE.

Como puedes ver, todo lo que hemos trabajado en este sencillo reto de siete días nos ayuda a dar respuesta a lo que nuestros hijos se preguntan:

- ¿Me ven?
- ¿Me valoran?
- ¿Les importo?

Es un buen punto de partida para trabajar lo que realmente SOMOS. Pero vamos a profundizar en otros aspectos que nos ayudarán a educar a nuestros hijos en el SER, en su esencia. Sigamos...

Si crees totalmente en ti mismo, no habrá nada que esté
fuera de tus posibilidades.

WAYNE DYER

Estamos educando a nuestros hijos bajo el lema de que **«más siempre es mejor»** (tener más, hacer más, ser más...). Pero el precio que debemos pagar es muy alto si damos más valor a la cantidad que a la calidad. No disfrutaremos de las cosas, ni de las situaciones ni tampoco de las personas si siempre estamos corriendo, pasando de una cosa a otra... si siempre ansiamos más y más. Debemos frenar, tomarnos nuestro tiempo.

Vivimos en **un mundo hiperacelerado donde todo va deprisa.** No dejamos que nuestros hijos se detengan a observar una flor o un insecto. Al segundo ya les estamos empujando: ¡Venga, vamos, que no llegamos! Y esto tiene consecuencias... Como destaca Alicia Banderas:

> Los niños ya poseen el deseo de conocer
> y asombrarse por las cosas que nos rodean, solo hay
> que facilitarles las oportunidades para descubrir
> el entorno por sí mismos.

Pero ¿**les permitimos que lo descubran desde la calma y la tranquilidad?** Es difícil hacerlo si nos dejamos arrastrar por la vorágine de este mundo de prisas que no se detiene.

Somos los adultos los que transmitimos a los niños esa ansiedad por pasar de una cosa a otra, por pensar que no tenemos tiempo, que todo lo que hacemos es verdaderamente urgente e importante. Somos los adultos los que les transmitimos nuestro estrés, nuestras prisas y nuestras urgencias... ¿Por qué no lo cambiamos? Está en nuestras manos.

Fruto de no dedicar tiempo a parar y a detenernos con tranquilidad es el estarles sometiendo a una gran **sobreestimulación.** Y nuestro objetivo como padres y educadores debe ser ofrecerles la oportunidad de CONECTAR CON LO QUE SON, conectar con su esencia. El ser humano crece de dentro hacia fuera y no al revés.

Como señala Pablo D'Ors:

> Lo importante del silencio no es el silencio mismo, sino lo que genera, la luz de presencia. **El silencio nos trae luz, y eso es lo que nos interesa.**

Una planta necesita espacio para florecer; si no lo tiene, su crecimiento se ve dificultado. Nosotros no somos distintos. **Para aprender y crecer precisamos de espacio.** Cuando nos damos cuenta de ello tomamos conciencia de la necesidad de **crear espacio para nosotros.** Te hablaré de ello más adelante.

Ahora bien, ¿cómo podemos hacerlo? Es muy sencillo pero a la vez muy complicado, porque no estamos acostumbrados a ello. Podemos **crear este espacio a través del silencio.** Como destaca Tal Ben-Shahar:

> Si llenamos todos los momentos de la vida de sonidos, no podemos descubrir nuestro potencial.

Y por eso nos cuesta tanto, porque hemos sido educados con la distracción de estímulos externos, aparatos de música, televisión, etc. Y ahora nuestros hijos tienen muchísimos estímulos más (smartphones, tablets, etc., que les ponemos delante para que produzcan un efecto hipnótico y tranquilizador cuando en realidad consiguen el efecto contrario, una hiperestimulación). Por eso es necesario que eduquemos a nuestros hijos para **que aprendan a vivir y abrazar el silencio.** De esa forma aprenderán a vivir y saborear cada minuto de su existencia.

Vivimos en un mundo adicto al ruido: los niños quieren música para hacer los deberes, a las familias les hace falta la televisión de fondo cuando se sientan a comer o cenar... ¿De verdad todo esto es necesario? Como afirma Robert M. Pirsig:

> El ruido se ha convertido en un elemento tan importante en la vida que cuando no está presente, lo ansiamos, pero cada vez hay más estudios que apuntan al alto precio que hay que pagar por esta estimulación constante del oído. El silencio es necesario para aumentar la creatividad, tener una conexión más intensa y profunda con el entorno y con nosotros mismos, tener un mayor desarrollo físico y mental y niveles superiores de felicidad.

¿No te parece interesante? **Vaciemos la vida de nuestros hijos de ruidos y llenémosla de silencios. Que valoren y aprecien el silencio. Entrar en el silencio les ayudará a conectar con el momento PRESENTE.**

Pero no solo debemos hacerlo con la vida de nuestros hijos, también con la nuestra.

¿Recuerdas cuándo fue la última vez que te sentaste en silencio sin hacer absolutamente nada?

Haz la prueba ahora mismo..., comprobarás el poderoso efecto del silencio.

DATE PERMISO

Una de las cosas en las que más insisto en mis formaciones para padres es en la necesidad de **darnos permiso para cuidar de nosotros mismos.** Criar y educar a nuestros hijos es una tarea realmente intensa y abrumadora. Por este motivo nos hace falta tomar conciencia de que no solo somos padres, también somos personas y, como tales, tenemos la necesidad de buscar nuestros propios espacios y tiempos que nos permitan desconectar y conectar con nosotros mismos.

Esto nos ayudará a afrontar nuestro día a día en las mejores condiciones posibles reduciendo así los gritos, los castigos y los enfados que suelen aparecer fruto de nuestro cansancio y del estrés al que estamos sometidos. Esto nos impide disfrutar de la educación y hace que la misma se convierta en una tarea agotadora, que nos lleva a tener siempre la sensación de que no podemos más y que vamos a contracorriente.

Y esto es algo que podemos cambiar. Está en nuestras manos. Si no somos capaces de cuidarnos, de dedicarnos tiempo, ¿cómo queremos hacerlo con nuestros hijos? ¿De verdad es lo que queremos que aprendan?

En palabras de Maite Vallet:

> Desvivirse no ayuda a los hijos. Los hijos necesitan a alguien lleno de vida que les enseñe a vivir. No alguien que renuncie a su propia vida por los hijos, y que les pase factura por haber dejado de vivir.

No debemos perder de vista que los padres precisamos de tiempo para dedicar a nuestra pareja, para nosotros mismos (para leer, practicar algún deporte, meditar, etc.) y para nuestro bienestar psicológico. En ningún sitio está escrito que al convertirnos en padres tengamos que olvidarnos de nosotros mismos y perder nuestra esencia.

Cuidarnos y dedicarnos tiempo no significa que vayamos a pasar menos ratos con nuestros hijos; debemos evitar ese sentimiento de culpa que seguramente va a aparecer. Enfoquémoslo de una manera positiva: si estamos bien con nosotros mismos, cultivando y manteniendo ese bienestar psicológico tan necesario, estaremos en plenas condiciones para **ofrecerles a nuestros hijos NUESTRA MEJOR VERSIÓN.**

Veamos algunas sencillas formas de tomarnos un respiro:

- Caminar.
- Hacer ejercicio.
- Leer.
- Salir a la naturaleza.
- Meditar.
- Desconectar los dispositivos móviles.

Se me ocurren muchas más, y seguro que a ti también. Podemos empezar por encajar estas actividades en nuestro día a día de manera progresiva, pero hemos de hacer de ello una prioridad. No veas estos momentos como vacíos o inútiles, sino como oportunidades de conexión, creatividad y diversión.

Comprobarás que se produce un cambio de energía en ti y en tu alrededor. **Tómalo como un regalo que le estás** haciendo a tus hijos: les estarás ofreciendo tu mejor versión.

Además, nuestros hijos necesitan saber que la vida no solo es trabajo, como tampoco es todo juego. Encontrar ese equilibrio entre ambos es parte del arte de la vida consciente. ¿Lo intentamos?

DESCONECTAR PARA CONECTAR

Nos quejamos con frecuencia de que no tenemos mucho tiempo, pero es una mentira que nos decimos a nosotros mismos. Nos autoengañamos. Lo que ocurre es que todos tenemos en nuestras vidas toda una serie de *ladrones de tiempo*, pequeñas fugas por donde se nos escapa un tiempo precioso que si supiéramos aprovechar llevaría a que seguramente no nos quejáramos tanto y a darnos cuenta de que somos capaces de llegar a casi todo...

Un ejemplo claro de esto es el tiempo que dedicamos a nuestros teléfonos móviles: comprueba el tiempo de uso que haces a diario y semanalmente. Yo lo he hecho... ¡y asusta! Y lo peor de todo es en qué perdemos ese tiempo: consultando las redes sociales, en los famosos grupos de WhatsApp, saltando de un lado a otro, etc.

Por este motivo te invito a que tomes conciencia de **todo lo que nos perdemos** por estar enganchados a la pantalla del móvil. No te quejes de la adicción de tus hijos a la tecnología si tú actúas de la misma manera. Nuestro ejemplo es clave y ayuda a que las relaciones fluyan.

Por culpa de este «enganche» al móvil o a las redes sociales estamos perdiendo mucho tiempo; en concreto, la infancia de nuestros hijos. Dejamos de lado momentos inolvidables como jugar con ellos, contarles cuentos, el contacto físico a través de abrazos y caricias, o algo tan sencillo e importante como **mirarles a los ojos mientras nos hablan.**

APAGA EL MÓVIL, DESCONECTA TUS REDES SOCIALES Y CONECTA CON TUS HIJOS.

Te lo agradecerán y te lo agradecerás a ti mismo.

Haz que el tiempo que pasas con ellos sea tiempo de verdad donde podáis establecer una auténtica conexión. ¿Cómo te sientes cuando estás con alguien y deja de prestarte atención porque está con el móvil? ¿No crees que tu hijo sentirá lo mismo contigo?

No se trata de controlar la relación de nuestros hijos con la tecnología, sino más bien de controlar la nuestra y empezar desde ahí: ofrecerles un ejemplo positivo.

Menos horas de conexión virtual se convierten en más horas de conexión real.

Como tarea te propongo que hagas un *detox tecnológico.* Puedes proponerte apagar el móvil cuando salgas del trabajo, desactivar las notificaciones hasta el día siguiente, etc. O bien puedes elegir un día del fin de semana para apagar veinticuatro horas el móvil. Márcate tú mismo las pautas y empieza hoy mismo. No es tarea fácil y comenzarás a tomar conciencia de que perteneces (yo también, lo reconozco) al club de adictos a la tecnología.

Contacto con la naturaleza

Algo que nos permitirá desconectar y conectar mejor con nosotros mismos es entrar en contacto con la naturaleza. Hoy es una necesidad. ¿Has vivido en alguna ocasión esa paz y plenitud después de haber dado un paseo por el bosque o cerca del mar? Es algo que les sienta muy bien a nuestro cuerpo y a nuestra alma. Nos ayuda a desintoxicarnos de las preocupaciones del día a día y a ganar claridad de pensamiento.

Pero vivimos en una sociedad en la que cada vez es más difícil encontrar esos momentos de íntima conexión con la naturaleza. Pasamos la mayor parte de nuestro tiempo encerrados entre cuatro paredes y vamos de casa al trabajo y viceversa. Y esto, como explica el periodista y escritor estadounidense Richard Louv en su libro *Last Child in the Woods* (El último niño de los bosques), puede tener consecuencias nefastas.

El propio Louv fue quien acuñó el término «trastorno por déficit de naturaleza». En su obra detalla destacadas investigaciones que demuestran cómo la exposición directa a la naturaleza es esencial para el desarrollo humano, especialmente de los niños, y señala las consecuencias negativas de no tener contacto con el mundo natural con regularidad: obesidad, dificultad de atención, enfermedades cardiovasculares y, la más importante, por generalizada: **depresión**. ¿No te parece preocupante?

El autor también detalla los efectos positivos del contacto cotidiano con la naturaleza que nos rodea: **desarrollo y potenciación de todos los sentidos, facilidad de integrar aprendizajes, enriquecimiento de la creatividad o desa-**

rrollo general de las habilidades psicológicas de los niños a través del vínculo con lo natural, entre otros.

Veamos algunos de los beneficios de pasar tiempo en contacto con la naturaleza según Sarah Ivens, autora de *Forest Therapy*:

- Disminución de la presión arterial.
- Disminución de los niveles de ansiedad, ira, depresión, obesidad, síndrome de estrés post-traumático, déficit de atención o hiperactividad.
- Reparación de la capacidad de atención.
- Mejora del sueño.
- Fortalecimiento del sistema inmune.
- Incremento de la energía y la vitalidad.
- Mejora de la actividad celular antitumoral.
- Incremento de la conciencia sensorial y de la percepción.
- Incremento de la capacidad cerebral y de la claridad del pensamiento.
- Mejora de la autoestima, la empatía, la bondad y la compasión.
- Mejora de la creatividad y la intuición.

Por lo tanto, si notamos que la naturaleza nos hace sentir mejor y la ciencia ha demostrado ampliamente sus beneficios, ¿a qué esperamos para empezar a responder a su llamada y pasar tiempo en ella?

EMPECEMOS YA MISMO.

Todos tenemos problemas y preocupaciones a diario y nuestros hijos no son una excepción. Esto no quiere decir que debamos aceptar que asuman una postura de *«víctimas»* en la vida, ya que **si se concentran en lo negativo e ignoran lo positivo, crean una realidad en la que se refuerza lo negativo y se debilita lo positivo.** Por lo tanto, de ello dependerá su felicidad y eso les impedirá afrontar las dificultades de la vida y adquirir una mayor autonomía.

El niño que decide poner el foco en lo negativo **vive instalado en la queja frecuente.** Y encontramos dos tipos de queja.

Quejas sobre uno mismo

Escucha atentamente a tu hijo e intenta identificar cualquier tipo de queja. Comprobarás que algunas de estas tienen como objetivo restarse valor a sí mismo, lo que demuestra una falta grande de autoestima:

- «No vale la pena que lo intente, nunca lo conseguiré.»
- «Mi hermano siempre es el preferido.»
- «No me queda bien esta ropa, estoy demasiado gorda.»

No debes permitir que este tipo de quejas se conviertan en algo habitual. Debes decirles: «No me gusta nada que hables así. Desde luego que si no lo intentas, no lo conseguirás». Explícale con sus palabras para que lo entienda qué son las profecías autocumplidas: «Si dices que no vales para nada, acabará siendo así» o «Si dices que vas a perder el partido, no hace falta ni que juegues porque de verdad lo vas a perder».

Quejas sobre los demás

Encontramos otro tipo de queja en la que la causa siempre está en el exterior (la culpa siempre es de los demás, él es víctima de lo que ocurre). Veamos algunos ejemplos:

- «El profesor me tiene manía.»
- «Me han suspendido la asignatura.»
- «La película es aburrida.»
- «Hace un tiempo horrible.»

Bajo este punto de vista, **todo es negativo** y el niño vive y experimenta el mundo como algo injusto y hostil.

¿Qué podemos hacer los padres? Para empezar debemos preguntarnos: ¿Qué modelo le estamos ofreciendo? ¿También actuamos nosotros como víctimas? ¿Es lo que han aprendido de nosotros? ¿Queremos que sigan actuando así?

Es difícil salir de una dinámica negativa en la que todo es visto como perjudicial y negativo: **todo se convierte en un problema.** Pero los padres tenemos la obligación de ayudarle a reconocer esos pensamientos negativos y que aprenda a cultivar pensamientos positivos y optimistas. Veamos algunas claves para conseguirlo:

- Hazle ver que si en algún momento tiene un problema y te necesita, tú vas a estar siempre ahí para ayudarle. No para solucionarle el problema.

- No refuerces su actitud: si se siente comprendido se cerrará en banda y se instalará con mayor fuerza en la queja, pero si lo sacas del error se sentirá incomprendido... Entonces ¿qué puedes hacer? Solo hay un camino: emprender una acción. Hacerle ver que tiene que pasar a la acción si quiere que las cosas cambien y no sean como le gustan:
  - «Se te dan mal las matemáticas. ¿Qué puedes hacer para mejorar?»
  - «No tienes tiempo para jugar. ¿Qué puedes hacer para organizarte mejor y que no se te acumulen las tareas?»

- Ayúdale a poner el foco en lo positivo. Esto no significa que perdamos de vista la realidad e ignoremos los problemas de la vida diaria. Significa que aprendamos que podemos elegir en qué queremos concentrarnos y hacia dónde queremos dirigir nuestra atención.

- Las expectativas que tenemos de nosotros mismos, de los demás y de las situaciones definen nuestra realidad. Por eso es tan importante que cuanto antes lo aprendamos y vivamos, mejor.

- Ayuda a tu hijo a ver siempre el vaso «medio lleno». Cuando buscamos activamente lo que funciona, acrecentamos lo positivo. Vivimos en una sociedad que tiende a resaltar lo negativo y genera una visión distorsionada de la realidad. Por eso es tan importante que estemos enfocados en identificar la parte llena...

Pero todo esto no es posible si no somos capaces de transmitirlo a nuestros hijos con **nuestro ejemplo,** más allá de las palabras. **Tu hijo seguirá tu ejemplo, no tus consejos.** De nada sirve que le hablemos de la importancia de ver las cosas de manera positiva si somos nosotros los primeros que actuamos con pesimismo viendo siempre el vaso «medio vacío» y nos quejamos continuamente por todo. Cree en ti mismo y en tu poder para crear cambios. Transforma las quejas pasivas en ACCIONES asertivas.

La **queja nos resta energía.** Aunque parezca lo contrario, la queja nos alivia por un rato, pero pasado ese instante inicial de descarga es cuando se produce el *bajón energético.* Y la queja no solo nos desenergiza, sino que «la queja aleja». Aleja a las personas de nosotros. Comparto los tres caminos para dejar de quejarnos según Verónica de Andrés y Florencia Andrés:

1. **CAMBIA ALGO TÚ:** cambia tu manera de pensar sobre el tema, haz alguna acción diferente.
2. **ALÉJATE:** a veces ya lo has intentado todo, y la única alternativa es alejarte de esa situación o de esa persona.
3. **ACÉPTALO:** aceptar significa dejar de quejarse, estar en paz con lo que no puedo o no quiero cambiar.

Como siempre, **debemos iniciar un trabajo interior** si queremos **conectar** de verdad con nuestros hijos y que aprendan a vivir con ilusión y optimismo la vida, lo que les ayudará a conquistar la auténtica felicidad. Y eso no se lo puede arrebatar nadie.

Para mentes diferentes, el mismo mundo
es el cielo o el infierno.

RALPH WALDO EMERSON

EDUCAR LA PACIENCIA

En hebreo, las palabras *sevel* (sufrimiento), *sibolet* (resistencia) y *savlanut* (paciencia) proceden de una misma raíz. Para desarrollarnos y crecer tenemos que aprender a ser pacientes, a resistir, y eso a veces conlleva cierto sufrimiento. La expectativa de que el cambio personal es fácil y rápido es una receta segura para la decepción y la frustración.

Vivimos en la sociedad de la inmediatez, en la que todo lo podemos y lo queremos conseguir sin esperar (muchas veces, a golpe de clic) y esto tiene consecuencias en nuestras vidas. Nuestros hijos han nacido en un mundo regido por **la inmediatez, la impaciencia, la velocidad** y **la impulsividad,** todo ello amplificado por las nuevas tecnologías. A nosotros, que somos de otra generación, hay muchas ocasiones en que esto nos sobrepasa y no sabemos de qué manera abordarlo. Sería fácil generalizar y decir que todos los niños son impacientes y no es así, pues no dejaría de estar poniendo una etiqueta que no corresponde con la realidad.

Como muestra, dos ejemplos sencillos para la reflexión:

- Nuestros hijos no han conocido lo que es tener que esperar varios días para revelar un carrete de fotos. Si en aquel entonces lo tenías en una hora era todo un milagro. Han nacido en el mundo de la imagen digital y están acostumbrados a hacer cientos de fotos, repetirlas, borrarlas... y compartirlas al segundo con miles de personas.

- Tampoco saben lo que es rebobinar una cinta de casete y tener que esperar para escuchar una canción. La tienen en un segundo abriendo su Spotify. Además, pueden acceder a cualquier álbum de música sin tener que esperar o ir a la tienda para comprarlo en formato físico.

Pero antes de seguir adelante me gustaría plantearte unas cuantas preguntas:

- ¿Somos pacientes como adultos? ¿Sabemos esperar? Por ejemplo, ¿qué haces tú cuando tienes que esperar en la cola del supermercado? ¿Y si estás en la sala de espera de una consulta médica? ¿Has «matado» esa impaciencia consultando tu smartphone? ¿Qué sentimientos te produce que se retrase tu cita y tengas que esperar en la consulta del médico?

Como ya he mencionado anteriormente, somos de otra generación pero estamos aprendiendo y nos estamos adaptando a los nuevos tiempos, cosa que nos lleva a actuar con impaciencia (incluso con nuestros hijos) y a no saber esperar... Piensa en cómo reaccionas cuando notas que la velocidad de tu internet se reduce y estás viendo un vídeo de YouTube y no hay forma de que se reproduzca seguido porque se va parando... ¿Qué sientes? ¿Cómo te sientes? Para que nuestros hijos tengan paciencia deben aprender a aguardar y saber esperar. Como decía Friedrich Schleiermacher:

La paciencia es el arte de esperar.

Una de las formas que ayudará a nuestro hijo a tener paciencia es aprendiendo que **no todas sus peticiones son de inmediato cumplimiento y que en más de una ocasión se encontrará con un no por respuesta** (la vida le presentará muchos noes). Y es necesario que aprenda a esperar, que aprenda a postergar la gratificación.

Veamos a continuación algunas claves para educar la paciencia:

1. **Educar con nuestro ejemplo.** Como siempre, el elemento básico es nuestro ejemplo: no podemos pedirle al niño que tenga paciencia «en la fila del cole» si nosotros somos incapaces de tenerla cuando estamos haciendo cola en el cine y nos enfadamos porque «se nos han colado» o cuando estamos en un atasco de tráfico en el coche gritamos y hacemos sonar el claxon... El niño se va a ver en la necesidad de tener que guardar turno en muchas ocasiones, tanto dentro del hogar como fuera de él, y debe aprender a hacerlo. Los adultos, con nuestro ejemplo, le mostraremos de qué forma se ha de hacer en las múltiples ocasiones en que es necesario guardar turno. Veamos algunos ejemplos:

- En los juegos de mesa.
- En la cola de los comercios, aeropuertos...
- En la consulta del médico.
- Al subir o bajar de un vehículo público.

Cuando vayamos al supermercado, nuestros hijos nos acompañarán a hacer cola en la caja y comprobarán la importancia de saber esperar y que nos atiendan cuando nos toque. ¿Qué ejemplo les mostramos si nos impacientamos? Tampoco podemos perder la paciencia con ellos. Si, por ejemplo, nuestro hijo tarda mucho tiempo en ponerse la ropa, tengamos en cuenta su edad y limitaciones. No nos centremos en meterle prisa con impaciencia. Si actuamos así, ¿qué modelo le estamos ofreciendo?

Y si en algún momento perdemos la paciencia (a todos nos pasa y nos lo podemos permitir) será necesario pedir disculpas.

2. **Ser comprensivo con la edad del niño.** Muchas veces no anticiparemos las cosas con mucho tiempo, sino que las avisaremos «de hoy para mañana» y de este modo evitaremos esperas largas. Un ejemplo: en lugar de decirle «dentro de dos semanas iremos al cine», mejor avisarle de que «mañana iremos al cine». También tendremos en cuenta las circunstancias y limitaciones del niño: es normal que un niño cansado, irritado, con sueño, con hambre, etc., sea incapaz de esperar y que la impaciencia pueda desembocar en una rabieta o situación conflictiva. Debemos ser comprensivos en estos casos.

3. **Cumplir promesas.** Si le hemos hecho una promesa al niño la tenemos que cumplir: «Cuando acabe lo que estoy haciendo jugaremos con tus coches». Con esto le transmitimos un mensaje claro: vale la pena esperar. ¿Qué ocurrirá si no cumplimos nuestra promesa? No hace falta que te lo diga, ya lo puedes adivinar tú solo...

4. **Pequeñas esperas.** El niño, a partir de los dos años, ya puede empezar a aprender que no todo ha de ser cuando

él quiera y que tiene que esperar. Por ejemplo, mientras le preparamos la merienda o a que le sirvamos la comida. Al principio le costará, pero irá aprendiendo la importancia de saber esperar. Seremos los adultos los que reforzaremos esto con nuestro mensaje: «espera un momentito mientras te preparo esto», «ahora mismo te sirvo la leche pero espera un poco...».

Como puedes observar el niño **irá aprendiendo a esperar de forma gradual** y no será hasta alrededor de los seis años de edad cuando esta espera sea del todo consciente. De todos modos los padres debemos trabajar para reforzar este valor tan importante en la educación de nuestros hijos desde que son pequeños porque tal como destaca el famoso proverbio persa:

> La paciencia es un fruto de raíz amarga,
> pero de frutos muy dulces.

Siempre me ha llamado la atención el interesante y valioso estudio denominado «*Kid Marshmallow Experiment*» o «Test del caramelo», que realizó el destacado psicólogo austríaco Walter Mischel, y que siempre utilizo para explicar a los padres la importancia de la capacidad de aplazar la recompensa como gran recurso que el niño debe adquirir.

Paso a explicarte el extraordinario experimento.

En 1972 Walter Mischel sentó a un grupo de niños de cuatro años de la Escuela Infantil del Campus de la Universidad de Stanford alrededor de una mesa, y frente a cada uno de ellos dejó un apetecible y llamativo caramelo en un plato. Seguidamente les dio una indicación:

«Podéis comeros el caramelo, pero si no lo hacéis durante el tiempo que voy a estar fuera de la habitación (aproximadamente 15 minutos) cuando vuelva os daré un premio: ¡otro caramelo!».

El grupo de investigadores que realizaban el experimento observaban atentamente el comportamiento de los niños a través de un espejo de esos que permiten ver sin que te observen a ti. Los niños presentaban conductas variadas: algunos se comían el caramelo de inmediato y otros ponían en marcha «estrategias» para controlar su impulso de comerse la apetecible golosina: cerrar los ojos, darse la vuelta...

Lo importante del estudio es que Walter Mischel y su equipo de colaboradores realizaron un seguimiento de los niños que participaron en el «test del caramelo» durante varios años y descubrieron cosas realmente interesantes. Según el propio Mischel:

> Un 30 % de los niños lograron diferir la gratificación esperando a que el investigador regresara quince minutos más tarde. Tuvieron que luchar contra la tentación, pero encontraron la forma de resistir.

El objetivo inicial del experimento era determinar los procesos mentales que permiten a algunas personas retrasar la gratificación frente a los que se rinden con facilidad.

El estudio reveló que una mayor postergación se podía asociar con importantes logros posteriores, ya que los niños que actuaron de ese modo se convirtieron en adolescentes socialmente más competentes, personalmente más eficaces y académicamente más exitosos con respecto a los que no supieron esperar y consumieron el caramelo de inmediato, que presentaron problemas de autoestima y dificultades de relación con sus compañeros: eran más tímidos, influenciables, recelosos... El resultado de la prueba predice el futuro académico de los niños con mayor precisión que los test estándar de inteligencia. ¿No te parece fantástico?

Y ahora te preguntarás: ¿y esto por qué es importante? Sencillamente porque demuestra que nuestra capacidad de **saber aplazar la recompensa, saber controlar nuestros impulsos y saber esperar (tener paciencia) son claves para una vida feliz y exitosa.** Y eso es lo que todos queremos.

Empieza por ti. Ten paciencia con ellos... y contigo

Muchas veces nos quejamos de que nuestros hijos son impacientes, pero somos los primeros en mostrar nuestra impaciencia incluso con ellos. No tenemos paciencia y actuamos de forma reactiva con ellos: gritándoles y perdiendo los nervios.

Por lo tanto, **el trabajo debe empezar por nosotros mismos.** Comprobarás que cuanta más paciencia muestres en «asuntos menores», conseguirás tenerla también en otras cuestiones más importantes. Y lo mejor de todo es lo que vas a mostrar a tus hijos: el ejemplo en tus acciones y no tanto en tus palabras. De nada sirve el «¡Ten paciencia!» si después no es coherente con lo que hacemos...

Además, varios estudios han determinado que **las personas que son más pacientes** experimentan menos estados anímicos depresivos, son más empáticas y sienten mayor gratitud. Tu nivel de paciencia incluso podría estar relacionado con tu nivel de felicidad. Los expertos aconsejan comenzar con prácticas de atención que te ayuden a tomar conciencia de dónde estás y qué estás haciendo en el momento presente. Te hablaré con más detenimiento sobre ello más adelante. Pero para empezar te aconsejo estas tres prácticas que te ayudarán a tener más paciencia:

1. Practica la **atención plena** (*mindfulness*). Se trata de ser plenamente conscientes de nuestros pensamientos, sentimientos y sensaciones. Conseguirás una reducción del estrés y con la práctica regular esto ayudará a incrementar tu capacidad para ser feliz.
2. **Meditación.** Los estudios han demostrado que las personas que meditan tienen mayores volúmenes de materia gris en las áreas del cerebro que regulan el control de la respuesta. Esa puede ser la razón por la cual los meditadores tienen una mirada más positiva, son más estables desde el punto de vista emocional y más conscientes.
3. **Movimiento consciente.** El yoga, el aikido, el taichi y el qigong son todas formas de movimiento consciente diseñadas para ayudar a fortalecer el cuerpo y la mente. Muchos estudios de investigación han demostrado que la práctica de movimiento consciente ayuda a reducir el estrés, los pensamientos negativos y la depresión.

Y, sobre todo, empieza a tomar conciencia de todo lo que está a tu alrededor. Evita las prisas, el vivir esclavo del reloj, la rigidez de horarios y la presión extrema por llegar a todo. Empieza a hacer las cosas de una manera más *slow*. Notarás el cambio en ti y en tus hijos, que aprenderán de lo que ven en tu persona, en tus formas de actuar y relacionarte. Cambiaremos nuestra REACTIVIDAD ante las cosas por un modo de actuar mucho más CONSCIENTE.

Puedes empezar ya mismo. Tomar conciencia de tus pensamientos y del aquí y ahora no requiere mucho esfuerzo. Solo hay que tener voluntad y empezar a introducir estos pequeños hábitos que a la larga te ofrecerán resultados asombrosos. Aunque no lo creas, TU VIDA CAMBIA.

Educar la gratitud

Como he señalado al inicio de esta segunda parte, vivimos en una sociedad en la que se valora en exceso las posesiones, lo que tenemos, y muy poco lo que realmente somos. De tal manera que hay que mostrar al mundo lo que poseemos y que se nos valore por esa fachada externa que mostramos (de ahí el éxito de ciertas redes sociales). Fachadas que ocultan la REALIDAD (la insatisfacción con nosotros mismos y con nuestra vida, la infelicidad...) y esto es un gran error. Algo no funciona bien en este concepto materialista cuando el 20 % de la sociedad está medicada por problemas de ánimo.

En la era de los LIKES es necesario que **eduquemos a nuestros hijos en la gratitud.** En agradecer lo que SOMOS y lo que tenemos simplemente por el hecho de estar aquí. VIVIR ya es de por sí un regalo infinito y muchas veces lo olvidamos. **La felicidad verdadera no está en el tener sino en el SER.** Para ello, como siempre, hemos de empezar por nosotros mismos.

Existen numerosas investigaciones que confirman que adoptar una actitud de agradecimiento reporta numerosos beneficios para nuestro bienestar. Pero, por desgracia, los seres humanos estamos instalados en la queja y no ponemos el foco en lo bueno sino en lo negativo. Piensa en estas situaciones:

- Cuando vas a tomar un café con un amigo, ¿pasas la mayor parte del tiempo hablando de lo que estás agradecido, de las cosas buenas que te pasan?
- Cuando estás en el trabajo, ¿eres agradecido o estás instalado en la queja continua?
- Si le cuentas a alguien cómo ha sido tu día, ¿hablas y agradeces todas las cosas buenas que te han pasado?

Y esto es algo que tenemos que cambiar y educar (y educarnos) en la GRATITUD. La gratitud es mucho más que simplemente decir «gracias». Es un entrenamiento que le sirve a nuestra mente para fijarse y conectarse con las cosas buenas de la vida. Cuando lo hacemos, nos damos cuenta de lo afortunados que somos gracias a todo lo que somos y tenemos. Esto nos ayuda a enfocarnos en lo positivo y evitar que nuestra atención se dirija a lo malo antes que en lo bueno.

Una buena forma de recordar lo bueno que nos sucede y no olvidarlo es llevar un **DIARIO DE GRATITUD.** Podemos elaborar el nuestro propio y hacer otro más sencillo para nuestros hijos. Mantenerlo solo nos llevará unos cinco o diez minutos al día y comprobarás cómo mejora de una manera increíble.

R. Edmonds y M. McCullough, de las universidades de

California y Miami respectivamente, fueron capaces de demostrar que esta herramienta supone una clara mejora en tu bienestar (y en el de tus hijos), tu optimismo y tu vitalidad.

Puedes empezar el día escribiendo este diario de gratitud o bien hacerlo a la finalización del mismo, por la noche, agradeciendo todo lo que te ha sucedido durante la jornada. Haz cada día una lista de **tres cosas buenas** de tu vida por las que estás agradecido. Puedes usar estas preguntas para orientarte:

- ¿Qué es bueno en tu vida?
- ¿Por qué cosas estás agradecido? ¿Y a quién?
- ¿Qué ha ido bien hoy? ¿Qué has hecho para que esto sea así?

Al principio puede resultarte un poco difícil, pero con el tiempo y práctica te ayudará a enfocarte en cosas durante el día que seguro añadirás a la lista.

A continuación te ofrezco algunas ideas para trabajar la gratitud con nuestros hijos de una manera práctica y útil:

Habla sobre la gratitud

¿Qué entiende tu hijo por gratitud?

Averigua lo que sabe acerca de esta virtud para poder explicarle muchas más cosas de las que ya conoce. Es importante que tu hijo comience a poner nombre a este sentimiento y aprenda progresivamente a identificarlo y relacionarlo con otros.

Podemos comenzar por hacerle al niño las siguientes preguntas:

- *¿Sabes qué es la gratitud?*
- *¿Cómo puede una persona demostrar gratitud a los demás?*
- *¿A quiénes demostraremos gratitud?*
- *¿De qué forma?*

Deja a tu hijo que conteste abiertamente. Luego explícale, con tus palabras y en un lenguaje sencillo y adaptado a su edad, qué es la gratitud. Por ejemplo, que apreciar y querer mucho a quienes nos cuidan es una manera de agradecer lo que hacen por nosotros. Les explicaremos que la gratitud se demuestra con expresiones de afecto, cariño, portándonos bien con esas personas, etc.

Escribe una carta para alguien especial

Pídele a tu hijo que escriba una carta a quien él considere que tiene algo que agradecer: por ejemplo, a los abuelos, a su profesora, al amigo especial que siempre le ayuda, etc.

Debe escribir cómo se siente por lo que ha recibido de esa persona a la que está escribiendo. Esta carta se la enviará o, si es posible, buscará a la persona a la que ha escrito y se la leerá en persona.

Si el niño es todavía muy pequeño y no sabe escribir, ayúdale a redactarla. Deja que te diga lo que quiere transmitir. Incluye al final de la carta un dibujo hecho por él.

Para educar con el ejemplo, tú también puedes escribir

una carta de agradecimiento: al profesor de tu hijo por su esfuerzo durante todo el curso escolar, etc.

Escribe un diario de gratitud

Al igual que tú, anima a tu hijo a que, cada día, antes de acostarse dedique unos minutos a escribir acerca de **tres cosas por las que está agradecido.** Estas pueden ser de dos tipos:

- Generales, como estar vivo, poder ver, contar con la amistad de las personas que el niño aprecia, etc.
- Concretas, como aprender algo nuevo, recibir un elogio, la ayuda de un compañero, etc.

Si no sabe escribir, dile que te cuente cuáles son sus motivos de agradecimiento y anótalos en su diario de gratitud.

Imagínate la gratitud como la
llave de acceso a una nueva vida.
Una vida plena. Una vida rica.
Una vida con sentido.
De sobrevivir a vivir
intensamente.
Del pesimismo al optimismo.
De la escasez a la abundancia.
Del miedo al amor.
¿Usarías la llave para entrar a ese lugar?

VERÓNICA DE ANDRÉS
y FLORENCIA ANDRÉS

Independientemente de la religión que profesemos, si queremos educar en el SER debemos educar y transmitir a nuestros hijos el sentido de trascendencia. Como dice Javier Urra:

> Un niño debe mirar las estrellas
> y preguntarse muchas cosas.

Y ahí está nuestro papel nuevamente, caminar a su lado ayudándoles a hacerse preguntas, a cuestionarse **qué somos, quiénes somos, de dónde venimos y adónde vamos.** Es esencial. Esto le permitirá acercarse al descubrimiento del sentido de la vida. De esta forma le ayudaremos a que viva desde el interior, desde el SER, y no se deje arrastrar por el gran vacío espiritual al que nos conduce esta sociedad que de manera frenética nos empuja a vivir sensaciones y emociones que sustituyen el auténtico sentido de la vida.

En palabras de Tal Ben-Shahar:

> Podemos elegir concentrarnos en la verdadera trascendencia de lo que hacemos (como conectar con la gente o la contribución de nuestra acción) o dejarnos seducir por el atractivo de lo que pretende ser trascendente (como las posesiones o las compensaciones materiales). Cuando reconocemos la verdadera trascendencia y somos conscientes de ella, podemos empezar a convertir nuestra vida en un viaje espiritual.

Y tomar conciencia de esto y saber transmitirlo a nuestros hijos es esencial para que no se deje arrastrar por la gratificación momentánea y llene vacíos internos con sucedáneos de felicidad. Debemos mostrarles que concentrarse en las cosas materiales no les ayudará a encontrar el sentido a la vida. Hay que ir más allá.

La felicidad está íntimamente relacionada
con el sentido que le damos a nuestra vida,
a nuestra existencia.

Marian Rojas Estapé

Por lo tanto, es necesario **educar esta espiritualidad,** esta íntima conexión con algo más grande que nosotros (cada uno le puede poner el nombre que quiera: Dios, el Universo...), la conexión con los demás o con la parte más profunda de nosotros mismos.

¿Qué nos va a ayudar a conseguirlo? El silencio, la observación y, sobre todo, hacernos muchas preguntas. Permite a tus hijos que se maravillen por las cosas, que disfruten de pequeños momentos como una salida o puesta de sol y aprecien el milagro que hay en ellas.

Te animo a que mañana mismo te levantes temprano y disfrutes de la magia del amanecer, que te maravilles con algo tan sencillo como ver salir de nuevo el sol... Es uno de los espectáculos más mágicos que he presenciado y disfrutado en mis veranos frente al mar. Y cuando caiga la tarde, disfruta de esa puesta de sol y los mil colores que se trazan en el azulado cielo. A mi pareja le encantan esos cielos y cada vez entiendo más por qué.

Si sabemos apreciar esto y transmitirlo a nuestros hijos les ayudaremos a tomar conciencia de que la vida es mucho más de lo que percibimos a simple vista.

3

Educa con calma y conecta con tus hijos

> Todos los niños anhelan conexión..., no corrección.
>
> SHEFALI TSABARY

Cuando consultamos cualquier manual de educación o crianza hay una sección destacada, que es aquella que hace referencia a la disciplina. Es decir, qué debemos hacer para que nuestros hijos se porten «bien» y qué herramientas tenemos a nuestra disposición para conseguirlo. Como puedes adivinar y en la línea del libro que tienes en tus manos, yo no voy a ir por ese camino, sino que te voy a ofrecer un mapa **claro** y concreto **que te ayude a educar con calma y conectar con tus hijos.** No es una tarea sencilla y va a volver a requerir de nuestro esfuerzo y trabajo personal. Nuevamente vamos a hablar de un trabajo interior que nos permitirá educar con paciencia, sin perder los nervios, además de establecer una **disciplina consciente** disfrutando del proceso. ¿Quieres saber cómo conseguirlo? Sigue leyendo.

Nota importante: Llevar a cabo este tipo de educación respetuosa basada en la calma y la reflexión no significa que vayamos a convertirnos en padres permisivos, cuya máxima es dejar hacer sin ningún tipo de norma o límite. Comprobarás que no es este el objetivo.

Qué es y qué no es disciplina

Por desgracia, con el paso del tiempo la palabra «disciplina» ha perdido su valor. Tal es así que muchas veces la usamos como sinónimo de «castigo» y esto genera una gran confusión. Por este motivo se ha convertido casi en una palabra tabú en según qué ámbitos educativos, ya que si hablamos de disciplina parece que estamos enfocándonos en un tipo concreto de educación tradicional, basada en un sentido jerárquico y autoritario en la que el castigo es la base para educar.

Por eso me gusta hablar de **disciplina consciente.** La definición de la misma se basa en: *guiar, estimular, acompañar y ayudar a nuestros hijos a mejorar.* Como puedes ver, se aleja mucho del concepto «castigo». Porque esta disciplina tiene como objetivo enseñar cualidades que les serán útiles a lo largo de su vida: autocontrol, empatía, resolución de conflictos. Además te ayudará a transmitirles una serie de valores esenciales y así crecerán para convertirse en adultos responsables.

Cuando las madres y los padres me preguntan cómo

saber si la disciplina que están llevando a cabo es respetuosa o no, siempre les recuerdo la siguiente afirmación:

TRATA A TU HIJO COMO TE GUSTARÍA QUE TE TRATARAN A TI.

Si todos la tuviéramos presente acabaríamos con los patrones antiguos de la disciplina y encontraríamos nuevos y necesarios caminos para enseñarlos. Como señala Shefali Tsabary:

> Patrones más educativos, más inteligentes, más creativos y más eficaces que los antiguos métodos de premios y castigos.

Pero, como ya he comentado anteriormente, la forma en que hemos sido educados nos condiciona y nos hace repetir patrones a la hora de educar a nuestros hijos. Perdemos de vista que vivimos en un escenario totalmente distinto y, por lo tanto, necesitamos nuevas herramientas.

Educar consiste en construir una relación. Así que el castigo no tiene cabida en una relación basada fundamentalmente en la comunicación. ¿Podemos educar sin castigar? En efecto, pero esto conlleva tiempo, habilidad y muchísima paciencia.

¿Quieres aprender cómo? Es más sencillo de lo que imaginas. Sigue leyendo.

Cuando explico todo esto a los padres siempre surge la misma pregunta: **¿cómo sé si la disciplina que estoy llevando a cabo es consciente y respetuosa o es un castigo?** Y les digo que intenten responder a estas tres cuestiones:

- ¿Te gustaría que te lo hicieran a ti?
- ¿Le ayuda a tu hijo a mejorar en algo?
- ¿Mejorará tu relación con tu hijo o la dañará?

Las respuestas a estas preguntas te dirán si efectivamente se trata de un castigo en lugar de aplicar una disciplina consciente. Cuando hablo del castigo me refiero a la pausa obligada (o el rincón de pensar), ignorar conductas, gritos, amenazas, retirada de privilegios, etc. Los castigos son más «útiles» para quien los pone que para quien los recibe.

¿Son efectivos estos métodos? A corto plazo sí, pero a medio y a largo plazo no sirven para nada, son ineficaces. Asimismo, no hacen sino distanciarnos de nuestros hijos cuando nuestro objetivo debería ser justo el contrario: **conectar con ellos.** Además de poco efectivos, no son para nada respetuosos y lo que están aprendiendo cuando actuamos así con ellos es a hacer las cosas por miedo y para evitar nuestros enfados; aparte, los castigos generan ira, resentimiento e incluso sentimiento de venganza. ¿De verdad es lo que quieres para tus hijos?

DISCIPLINA CONSCIENTE

Voy a tratar de resumir en cinco claves la base de esta disciplina consciente:

1. No incluye el castigo. Por lo tanto su objetivo no es enseñar a obedecer.
2. Nos ayuda a conectar con nuestros hijos. El castigo

es reactivo y nos desconecta de ellos, la disciplina efectiva se basa en el respeto mutuo. Hablaremos de esto más adelante.

3. Es respetuosa y se basa en la máxima: trata a los demás como te gustaría que te tratasen a ti.

4. Se basa, sobre todo, en la prevención y no tanto en la corrección.

5. Busca el equilibrio entre la firmeza y el cariño. Ambas cosas son compatibles y necesarias.

Todo ello tiene como base el amor y la comprensión por lo que hace nuestro hijo. Para conseguir esto necesitamos poner el foco en cómo reaccionamos ante las actitudes y comportamientos de nuestros hijos.

Como destaca Susan Stiffelman:

> En el contexto de la paternidad, los acontecimientos son muy reales y van muy rápidos. Encontrar la manera de hacer frente a la situación cuando tu hijo derrama zumo en el sofá nuevo o saber cómo gestionar tus reacciones cuando tus hijos se fastidian el uno al otro sin parar en el largo viaje a casa de la abuela es el equivalente a un curso avanzado de crecimiento personal. ¿Pierdes los estribos o eres capaz de permanecer presente, de profundizar en tu capacidad de estar «con lo que es», de responder en lugar de reaccionar?

REDEFINIR LA DISCIPLINA

Como señala muy bien Shefali Tsabary, debemos redefinir la disciplina y mi propuesta es caminar hacia esta **disciplina**

consciente. Quiero compartir contigo este texto de la propia Tsabary que tituló «Nuevo compromiso para abandonar la disciplina»:

> Libre de amenazas, gritos, miedos y condiciones,
> me libero de mi necesidad de controlarte.
> En lugar de pretender manejarte como si fuera un titiritero
> [o tu jefe,
> opto por relacionarme contigo de otra manera,
> rechazo el uso de mi poder para darte la ocasión de descubrir
> [tu poder,
> me niego a liderarte para despertarte a tu liderazgo,
> me niego a dirigirte para inspirarte.
> Cuando recuerdo que eres un ser soberano,
> me libero de mi necesidad de dictar y mandar.
> Así, no solo despierto a mi humanidad,
> te concedo espacio para que la tuya florezca como merece.

Qué poder tienen estas maravillosas palabras, porque en ellas está la clave:

DESPERTAR - DESCUBRIR - LIDERAR - INSPIRAR - FLORECER

En definitiva, PERMITIR CRECER CON MAYÚSCULAS. Te animo a que lo vuelvas a releer y reflexiones sobre ese contenido tan potente.

¿Te animas a cambiar el chip y empezar a caminar hacia este tipo de disciplina consciente?

Esta es una de mis máximas preferidas:

TRATA A TU HIJO CON RESPETO.

Y cuando digo esto me refiero a que debemos basar nuestra relación en un **respeto mutuo.** Volvemos de nuevo al *trata a tu hijo como te gustaría que te trataran a ti* o *no hagas a los demás lo que no te gustaría que te hiciesen a ti.* Cualquier método educativo que no escuche al niño ni lo trate con respeto está condenado al fracaso.

Observa a tu alrededor y comprobarás la gran cantidad de faltas de respeto que se cometen con los niños; esto tiene consecuencias. Esto se debe a que todavía vivimos y actuamos con base en una filosofía adultocéntrica donde el adulto es el que ostenta el poder y la autoridad y el niño debe obedecer. Un gran error, pues nuestro papel actual como padres es bien distinto y adquirimos autoridad por nuestro conocimiento, experiencia y comunicación, y también a través de ese respeto mutuo. En mi libro *Escuela de padres de niños de 0 a 6 años* destaco tres recomendaciones básicas para tratar a tus hijos con respeto. Son las siguientes:

1. **Escucha y atiende a tu hijo como se merece.** Aprende a leer más allá de lo que está diciendo. Te dará muchas pistas sobre cómo debes actuar con él.
2. **Controla tus emociones.** No reacciones de manera desmesurada, ni con gritos ni golpes. Recuerda que eres un ejemplo de equilibrio emocional para tu hijo.

3. **Comprende que tu hijo también tiene derecho a enfadarse y expresar sus sentimientos.** Escucha y atiende su enfado y deja al lado expresiones del tipo: «Tiene que hacer lo que yo le digo» o «¿Este qué se ha pensado?». No se trata de imponer nuestra autoridad. Antes de actuar piensa muy bien en quién tienes delante y permítele que exprese lo que lleva dentro.

Como acabo de mencionar, si observas a tu alrededor comprobarás la gran cantidad de faltas de respeto que se cometen con los niños. Quiero ponerte un ejemplo con un texto de Judy Arnall que te hará reflexionar sobre esto:

Hoy la he perdido.

Me siento mal por haberla perdido. Ha sido tan mala. He tenido que darle un cachete. Recuerdo el día en que vino a vivir con nosotros. Tan pequeña, tan frágil y tan luchadora. Vestida con un pequeño vestido rosa, con su claro y rizado pelo rubio.

Ha sido una mala semana. Se ha quitado el pañal y se ha orinado encima. Un desastre más que limpiar.

Ha intentado servirse una bebida y la ha derramado toda por el suelo. Un desastre más que limpiar. Un vaso roto y un charco en el suelo de líquido lechoso, mezclado con mis lágrimas de agotamiento.

Intento llevar un hogar trabajando, pagando las facturas y cuidando de ella. Me siento culpable por haberle dado de nuevo un cachete. Es demasiado exigente con mi tiempo.

No come, no duerme, no escucha. Se porta mal una y otra vez. ¿Recordará mis palabras esta vez? Debo preocuparme por su seguridad. Debo darle cachetes por su bien.

A veces pienso que trata de molestarme a propósito. Cuando le grito, solo muestra su rebeldía. Me mira con esa actitud en los ojos. A menudo es una niñita irritada. ¡A veces incluso me escupe! Después de todo lo que he hecho por ella. No puedo malcriarla.

Es la continua destrucción de mi hogar y de cosas que me molestan mucho. No puede ser siempre tan torpe. Seguro que podría estar mejor allá adonde va. Me siento impotente por haberle dado un cachete. No sé qué más hacer. Está tan indefensa. No puede llamar a nadie para pedir ayuda y no puede escapar de casa. Depende tanto de mí.

¿Cuántos años tiene la persona de la historia? Ahora lee el resto del texto.

No debería pegarle. Tiene ochenta y nueve años. Es mi madre, pero me obliga a hacerlo. ¿Por qué me siento tan culpable? Después de todo, ella me hizo lo mismo a mí. Cuando era más poderosa y yo era la que estaba indefensa...

Fíjate, hasta el último párrafo, la mayoría de las personas pensaría que la «niña» que se menciona en el texto es un bebé. Presta atención a las palabras usadas para referirse al personaje del texto: *mala, exigente, irritada, malcriada, se porta mal, torpe, etc.* Todo son términos que usamos con niños pequeños. ¿No lo has hecho alguna vez? En cambio, si estuviéramos refiriéndonos a un adulto los cambiaríamos por: «cansancio», «firmeza», «conducta inapropiada», etc. Usamos términos más tolerantes y comprensivos simplemente por la diferencia de edad. Es algo que tenemos que cambiar desde ya mismo.

Debemos tratar a los niños con el respeto que merecen desde su nacimiento. Esto, que parece una obviedad, no lo es y no está de más recordarlo. **El respeto mutuo no se limita únicamente a los adultos.** Creo que aquí está el gran cambio entre la educación y crianza tradicionales y la educación consciente hacia la que nos encaminamos con las herramientas de este libro.

> Las relaciones sanas se basan en el respeto, la confianza, la honestidad, la justicia, la igualdad de dignidad, la buena comunicación y en compartir sentimientos y tomar responsabilidades. Ser padre no difiere de esto.
>
> JUDY ARNALL

APRENDE A SEPARAR ENFADO DE DISCIPLINA

Muchos padres, a la hora de establecer disciplina o poner algún tipo de castigo, lo hacen cuando están enfadados. Y esto es un problema porque lo que hacemos es «aliviar nuestro dolor», haciéndoles daño a nuestros hijos. Ese dolor que llevamos dentro lo descargamos sobre ellos. ¿Cómo lo hacemos? A través de:

GRITOS, AMENAZAS, CASTIGOS, CACHETES O GOLPES...

Por lo tanto, hay que destacar que no son las mejores herramientas que tenemos para enseñarles algo, para ayudarles o para que aprendan. Más bien lo único que conseguimos con ello es que se sientan culpables (y nosotros también por haber actuado así con ellos). ¿Por qué motivo recurrimos a estos métodos?

No te equivoques, los buenos padres también sentimos ira y nos enfadamos. El enfado es algo normal en cualquier tipo de relación en la que aparecen conflictos: con nuestra pareja, con amigos, con nuestros hijos, en el trabajo, etc. Pero la forma en que encauzamos y dirigimos este enfado puede hacer dos cosas:

- Dañar la relación.
- Convertirse en una fuente valiosa de aprendizaje y fortalecer el vínculo.

Yo me quedaría con la segunda: vamos a aprovechar el enfado para que se convierta en una fuente de valiosa enseñanza, primero para nosotros y después para nuestros hijos.

Por eso es esencial que aprendamos a separar el enfado de la disciplina. Es muy importante: separar el enfado de las medidas disciplinarias que tomamos con nuestros hijos. Pero para conseguirlo necesitamos dos cosas:

- *Tener una visión a largo plazo y no querer una solución inmediata.* Tomar conciencia de que con el paso del tiempo nuestros hijos van a conseguir aquello que ahora nos preocupa. De hecho, tiempo después miraremos atrás y nos sorprenderemos de cómo éramos capaces de enfadarnos por algo así. Nuestros hijos van a mejorar y van a crecer...
- *Equilibrio interno.* Debemos educar desde la calma. Si lo hacemos desde el estrés, las prisas, con pre-

sión..., es muy fácil caer en el grito, en la amenaza y en una actitud reactiva por nuestra parte.

Siempre tengo presente este proverbio chino que me ayuda a recordar todo esto: *Si eres paciente en un momento de ira, escaparás a cien días de tristeza.*

Por eso es necesario que controlemos lo que decimos cuando estamos enfadados. Podemos hacerlo. Pero requiere de paciencia y un cambio de mentalidad por nuestra parte. **Tenemos elección y para ello hemos de ser conscientes de lo que hacemos y lo que decimos.** No nos podemos dejar llevar por nuestra impulsividad ni dejarnos desbordar por las situaciones.

En más de una ocasión nos equivocaremos y tendremos que pedir perdón a nuestros hijos. Es necesario. No somos perfectos ni pretendemos serlo. Aprenderán a hacerlo de nosotros cuando ellos también se equivoquen. No pensemos que hacer esto nos resta autoridad, sino más bien lo contrario: les estamos ofreciendo un fantástico modelo de lo que es el perdón con nuestro vivo ejemplo.

¿Por qué nos enfadamos los padres?

Hay tantos motivos para enfadarnos como padres existen en el mundo. Pero uno de los principales por los que nos quejamos es el siguiente: «Mi hijo no me escucha».

Aunque si analizamos en profundidad esta afirmación lo que realmente estamos queriendo decir es: «Mi hijo no hace lo que le estoy pidiendo». Y volvemos otra vez al enfoque tradicional de la educación basada en el CONTROL.

Pero hay muchos más motivos por los que nos enfadamos. Estos son algunos que me han trasladado los participantes en mis formaciones de Escuelas de Padres y Madres:

SE PORTA MAL - TIENE RABIETAS CUANDO LE DECIMOS «NO» - ROMPE ALGUNA COSA - ES LENTO CUANDO MÁS PRISA TENEMOS - CUANDO LE PREGUNTAMOS ALGO, NO NOS CONTESTA - NO HACE SUS TAREAS - NOS RETA...

Y podría seguir el listado. Pero lo importante es ver CÓMO REACCIONAMOS nosotros ante esas situaciones. Imagina que llevas una temporada con un alto nivel de estrés, durmiendo más bien poco. Aquí es donde debemos parar y reflexionar: ¿Cómo crees que reaccionarás cuando el niño haga alguna de estas cosas? ¿Crees que puedes cambiar tu forma de reaccionar? No olvides que **cuando nos sentimos así, tenemos una baja tolerancia a comportamientos que son normales en la infancia.**

No debemos perder de vista que los niños hacen cosas que nos sacan de nuestras casillas, pero ahí tenemos la primera clave. No es tanto lo que hacen los niños sino:

CÓMO REACCIONAMOS NOSOTROS ANTE LO QUE ELLOS HACEN.

Y esto no solo es aplicable a nuestros hijos, sino a cualquier situación que se nos presenta en la vida.

Es importante que conozcamos las diferentes *caras del enfado* para poder abordarlo de la mejor manera posible. Veamos estas seis claves:

1. Es una emoción normal y totalmente saludable.
2. Es difícil escuchar el punto de vista de la persona que tenemos delante si estamos enfadados: tomamos una actitud REACTIVA.
3. El enfado solemos descargarlo con los que tenemos más cerca. En este caso con nuestros hijos, pareja, etc.
4. De nosotros depende que nos enfademos: los demás «hacen cosas» y nosotros reaccionamos. Tenemos la posibilidad de elegir enfadarnos o no. Pongamos el foco en nosotros y no tanto en los demás.
5. El enfado nos alerta de que tenemos que cambiar algo. Como he destacado anteriormente, es una oportunidad de aprendizaje.
6. El enfado es contagioso y nos mete en un círculo del que es difícil escapar.

Y lo más importante de todo: **el enfado no resuelto volverá a aparecer con el tiempo.** Por eso es necesario que aprendamos a manejar nuestro enfado. Pero no te preocupes, te enseñaré cómo hacerlo en las siguientes páginas.

Por lo tanto, **tenemos elección.** Piensa a lo largo del día la cantidad de pensamientos que pasan por tu cabeza. ¿Cuántos son negativos o malos? ¿Cuántos son positivos y optimistas? ¿Por qué no enfocarnos más en los segundos? Está en nuestras manos hacerlo. Ojo, nadie dice que sea fácil, pero se puede conseguir con práctica y fuerza de voluntad.

Quiero compartir contigo estos tres **consejos de Judy Arnall que debes recordar ante una CRISIS.** Tener conciencia de estos tres puntos es clave para tomar distancia y ver las cosas de otra forma, nos ayudarán a actuar de una forma más calmada y reflexiva:

1. *Tan solo es una etapa.* Todos los niños pasan por fases en que su comportamiento es difícil. Pronto pasará. No hacer nada al respecto no implica que no salgan de ellas y se conviertan en buenas personas. ¡No irán por el mal camino!

2. *No se trata de ti.* Recuerda su edad. Se precisan dieciocho años de infancia para hacerlo bien. Tiene sentimientos genuinos y su comportamiento es el modo en que lidia con ellos. No es que te intente molestar. Se trata de él. No puede evitar cómo se siente.

3. *Mira el lado positivo.* Algún día te reirás de todo esto o le hablarás a tus amigos de ello. ¡Quizá incluso escribas un libro!

Claves para manejar nuestro enfado

Si en el apartado anterior he señalado que enfadarnos es algo natural y hasta saludable, considero de especial importancia aprender a manejar nuestro enfado. Para ello me baso en el Método de los 5 pasos que Judy Arnall expone en su libro *Educar sin estrés*. Me parece un método sencillo y, sobre todo, respetuoso que nos ayudará a manejar nuestro enfado y a conectar con nuestros hijos sin dañarles y mejorando nuestro vínculo con ellos. Veamos cuáles son esos cinco pasos:

1. Aceptar.
2. Neutralizar.
3. Irse.
4. Examinar.
5. Resolver el problema.

Vamos a verlos con detalle:

1. **Acepta que estás enfadado.** El primer paso es reconocerlo antes de que aumente. Para ello es importante saber las situaciones que nos provocan estar así.

2. **Neutraliza el enfado** de una forma que no dañes a nadie ni rompas nada. No podemos educar de una forma efectiva si estamos furiosos. Por este motivo es clave que aprendamos a manejar nuestra ira y superar nuestro enfado: esto nos ayudará a establecer una disciplina efectiva que no tiene por qué acabar en el castigo. Evita: gritar, tirar cosas, dar portazos, golpear paredes, decir palabrotas, etc.

3. **Vete un rato y piensa.** Hablamos mucho de la pausa obligada para los niños, pero creo que hay que cambiarlo y ser nosotros los que la hagamos. Si el niño se encuentra en un sitio seguro, utiliza esta herramienta para calmarte: ve a otra habitación, al baño, a dar un paseo. Evita que la pausa obligada la haga el niño: le aísla y no entiende el motivo de la misma.

4. **Examina las razones por las cuales estás enfadado.** Piensa: ¿estoy enfadado conmigo mismo o con alguien y lo estoy descargando con una persona cercana? Sí estoy enfadado, pero ¿qué hay debajo del enfado? ¿Cuál es el sentimiento que lo origina? Te doy algunas ideas: miedo, cansancio, estrés, dolor, culpa, vergüenza, etc.

5. **Resuelve el problema.** Regresa con la persona o la situación y soluciona el problema directamente. Una vez hemos sentido, neutralizado y expresado el

enfado, ahora ya más calmados, es momento de utilizar esto a nuestro favor para resolver el problema. Habla con el niño e intenta solventar la situación de la mejor manera posible, sin atacar ni echarle la culpa de lo sucedido.

Busca herramientas que te ayuden a calmarte y enfocar estos momentos con mayor calma y autocontrol. En el siguiente apartado te ofrezco algunas de las que me han ayudado a mí y que puedes empezar a poner en práctica desde ya mismo.

> Por cada minuto que permaneces enfadado,
> desperdicias sesenta segundos de tranquilidad.
>
> RALPH WALDO EMERSON

Herramientas para calmarte

En este apartado vas a descubrir las herramientas que tienes a tu disposición para poder calmarte en medio de un enfado. Además, aprenderás a elaborar tu propio «botiquín» frente al estrés, que te será muy útil en tu día a día. Te ofrezco también una serie de ideas que te ayudarán a tener más paciencia con tus hijos.

¿Las necesitas? Yo las uso prácticamente a diario. Empecemos...

En el apartado anterior hemos visto el Método de los cinco pasos para manejar nuestro enfado. Pues bien, en el paso 3 te indicaba la necesidad de hacer una *pausa obligada* (no para los niños sino para nosotros, los padres). Durante ese momento tenemos una serie de herramientas a nuestra disposición para poder **calmarnos y rebajar nuestra tensión.** Es importante que si estamos en casa tengamos un lugar para hacer uso de estas herramientas. Podemos denominarlo *rincón de la relajación o rincón del enfado.*

Empecemos con las **herramientas auditivas/verbales,** como pueden ser:

- Escuchar unos minutos de música relajante.
- Contar y volver hacia atrás.
- Cantar alguna de nuestras canciones favoritas.

Esto va a hacer que en ese momento de pausa obligada pongamos el foco en lo que estamos haciendo, y no tanto en el enfado o la situación que nos ha hecho explotar.

También tenemos a nuestra disposición **herramientas visuales:**

- Leer.
- Dibujar.
- Visualización: imaginarnos en un sitio tranquilo, agradable, fuera de la escena que nos ha hecho enfadar.
- Poner la televisión y verla un poco.

Son elementos distractores que nos van a ayudar a calmarnos. También tenemos **herramientas creativas:**

- Pintar.
- Escribir en una libreta.
- Dibujar (mandalas, por ejemplo).

También podemos hacer uso de **herramientas físicas** tales como:

- Pelotas antiestrés.
- Baño o ducha.
- Ejercicio físico (correr, saltar...).
- Respiración pausada.

Estos son solo algunos ejemplos de herramientas para calmarte. Además de todas ellas, es muy importante que tú también busques **tus propias herramientas y estrategias que te ayuden a manejar el enfado.** La idea es que puedas rebajar tu «temperatura emocional», bajar pulsaciones y calmarte. Con el tiempo y práctica conseguirás reducir el tiempo para lograrlo.

Te animo a que elabores **tu propio «botiquín» para prevenir el estrés** o las situaciones que nos enfadan. En muchas ocasiones es el propio estrés el que hace que reaccionemos de una manera desmesurada y «explotemos» de enfado en situaciones en las que normalmente no lo haríamos. Para prevenir y trabajar este estrés mete esto en ese botiquín:

1. **Usa la respiración consciente.** Sentado o de pie, inspira por la nariz (contando hasta seis), bloquea después la respiración (contando hasta tres) y espira luego por la boca (contando hasta siete u ocho). Repite este ejercicio entre tres y cinco veces. Es un ejercicio que te llevará dos minutos y que puedes hacer varias veces a lo largo del día. Existen aplicaciones para el móvil que también te ayudarán a trabajar la respiración.

2. **Encuentra tu «goduku».** Aprieta el puño. La punta del dedo índice debe de estar apretada en la base del pulgar. Justo en ese punto se encuentra el goduku, un punto de acupuntura. Masajea ese punto con firmeza (en el sentido de las agujas del reloj) cuando te encuentres estresado. Empieza por la mano izquierda y posteriormente pasa a la derecha.

3. **Masajéate pies y manos.** Darse un masaje en las extremidades tiene una acción calmante inmediata del sistema nervioso. Este efecto reconfortante permite liberar hormonas que nos relajan y bajar la producción de adrenalina.

4. **Masajéate los ojos.** Tumbado o sentado, colócate dos discos de algodón empapados con agua fría sobre los ojos y realiza movimientos circulares con las puntas de los dedos, abarcando los globos oculares superciliares y la zona de las ojeras, en ambos sentidos.

5. **Escucha música.** Está comprobado que ciertas frecuencias musicales entran en resonancia con nuestro sistema nervioso y pueden excitarlo o serenarlo. Aprovecha el poder de la música para calmarte. Te animo a que vayas a Spotify y que pongas cualquier lista de reproducción de música de relajación.

El estrés es acumulativo; por lo tanto, si usas estas herramientas evitarás que se instale en tu vida. Esto te ayudará a acabar con los enfados, gritos y amenazas.

Y, además de todo esto, si quieres tener más paciencia...

- Empieza por ignorar cosas que te irritan. No te desgastes por todo.
- Márcate un tiempo límite. Puedes decirte a ti mismo: la próxima media hora voy a ser más paciente e ir aumentando el tiempo.
- Vive el presente, el AHORA. Deja de proyectarte en el futuro con preocupaciones innecesarias.
- Sé flexible: prepárate y adáptate a los posibles imprevistos que se presenten.
- Evita la multitarea, ya que genera mucho estrés. Haz solo una cosa y céntrate en ella.
- Prepárate una habitación, un lugar donde puedas hacer esa *pausa obligada*.
- Practica algo muy importante: la aceptación.

EDUCAR SIN GRITAR ES POSIBLE (Y NECESARIO)

Quiero empezar este apartado con una pregunta para ti, para que reflexiones y te la plantees desde ya mismo: *¿Crees que es necesario gritar para educar?* Personalmente opino que no, que no es necesario. Ahora bien, si tú piensas lo mismo: *¿Por qué motivo crees que lo hacemos? ¿Por qué gritamos a nuestros hijos?*

Porque cuando gritamos a nuestros hijos conseguimos, entre otras cosas:

- Acostumbrarlos a que no hagan caso a lo que les estamos diciendo.
- Alejarlos de nosotros. El grito no ayuda a conectar, sino más bien a establecer más distancia.

Aunque puede tener una efectividad inmediata a corto plazo, los gritos no son efectivos a medio y largo plazo y, además, generan distancia y un ambiente de tensión.

¿Crees que merece la pena entonces utilizar el grito como herramienta educativa?

De hecho, considero que **es el medio que empleamos cuando ya no nos quedan más recursos.** Porque llegamos a pensar: «Si no le grito no me va a hacer caso». Y aquí aparece otra vez de nuevo nuestra necesidad de **control.** Y sin darnos cuenta entramos en un círculo vicioso de gritos y amenazas para finalmente llegar a la conclusión de que no sirven, que sigue *sin hacer caso.* ¿Dónde queda el sentido del humor? ¿Y la empatía? ¿Y la argumentación? Porque el grito **anula toda posibilidad de conversación.** Todo lo contrario a lo que realmente queremos: conectar con ellos.

> Cuando gritas a tus hijos para que te obedezcan...
> les enseñas que la forma de tener autoridad
> está en la agresividad.
>
> PATRICIA RAMÍREZ

Con los gritos lo único que conseguimos es establecer una distancia y que nuestros hijos se pongan a la defensiva (con razón). Ponte tú en el lugar de tu hijo y piensa en cómo te sentirías. De hecho, ¿recuerdas cómo te sentías cuando te gritaban a ti cuando eras niño? Y voy a ponerte otro ejemplo: si estás en tu trabajo y un compañero o un jefe te grita, ¿cómo te sientes?, ¿qué emociones experimentas? Las de tu hijo no son muy diferentes..., tenlo en cuenta.

Como señala Anne Bacus:

La ira es un mal ejemplo para el niño. Si te dejas llevar por tus emociones de manera tan ruidosa, ¿cómo le pedirás luego que controle las suyas cuando se tire al suelo en plena calle porque quiere subir al tiovivo?

En un primer momento puede parecer que el grito es efectivo porque llama la atención del niño, pero a la larga es totalmente contraproducente. Recuerda que los gritos:

- Bajan la autoestima.
- Hacen que se ponga a la defensiva y generan rencor.
- Lo alejan de nosotros.
- No conseguimos que obedezca (aunque este no debe ser el objetivo).

Los gritos no son efectivos para nada. Lo único que conseguimos es que, si se acostumbra a nuestros gritos, cada vez tengan que ser más fuertes para que aquello que decimos les llame la atención. Gritar *entrena* a nuestros hijos a no escuchar hasta que se les levanta la voz y **eso no es lo que queremos.**

RESERVA LOS GRITOS PARA SITUACIONES DE VERDADERA EMERGENCIA (EL NIÑO SE DIRIGE A UN PELIGRO INMINENTE). AHÍ RESULTA IMPRESCINDIBLE EL GRITO PARA ALERTARLE DEL PELIGRO.

También es importante revisar el ambiente sonoro que estamos creando a base de tantos gritos y tensiones. Muchas veces no nos damos cuenta y acabamos acostumbrándonos a un nivel de ruido muy superior al aconsejable. Debemos revisar:

- El volumen de la televisión.
- Si gritamos para pedirlo todo (¡date prisa!, ¡ven a cenar!, etc.).
- Si gritamos en cualquier conversación normal.

CUANDO GRITAMOS A NUESTROS HIJOS, NOS OYEN PERO DEJAN DE ESCUCHARNOS.

¿Qué necesitamos para dejar de gritar?

Si queremos dejar de gritar necesitamos esencialmente dos cosas: **voluntad para cambiar esto y tomar la decisión de hacerlo con determinación.** Ya sé que estarás pensando que estoy simplificando el problema y que lo difícil es ponerlo en práctica: sobre todo, en esos momentos en los que nos sube la temperatura emocional y nuestro enfado desemboca en un grito. Y te doy la razón, **no es sencillo pero debemos comprometernos a hacerlo.** Igual estás esperando que te dé una receta mágica, alguna teoría compleja que te ayude a dejar de gritar. Pero es más sencillo que eso: tener la voluntad de dejar de hacerlo. Decirte a ti mismo: «Me planteo que voy a dejar de gritar a mis hijos».

Si habláramos a nuestros amigos como hablamos a
nuestros hijos, ¿cuántos amigos tendríamos?

MARÍA SOTO

Si somos incapaces de hablar o gritar a nuestros amigos, ¿por qué lo hacemos con nuestros hijos? ¿Te lo has planteado alguna vez?

Para dejar de gritar precisamos de...

1. **Autocontrol.** Somos los adultos y aunque vayamos sobrecargados de trabajo, tareas, estrés..., no podemos ni debemos descargar esa tensión con nuestros hijos. Debemos mantener la calma. Utilicemos un tono de voz moderado pero firme. Con el grito estamos demostrando a nuestros hijos que no somos capaces de gestionar nuestras emociones.

2. **Buscar alternativas.** Si en esa situación sigues desbordado, es recomendable buscar otras opciones al problema al que te enfrentas. Por ejemplo, retirarnos de la escena o, si es posible, que se encargue nuestra pareja en ese momento.

3. **Dialogar.** Es muy importante hablar con calma y serenidad buscando la comprensión de lo que está sucediendo en ese momento: explicando, preguntando, etc.

4. **Pedir perdón.** Si no actuamos con calma y serenidad acabaremos perdiendo totalmente los papeles y solucionándolo todo a gritos. Lo mejor es que cuando nos calmemos pidamos perdón por nuestra manera de proceder. Insisto: somos un ejemplo para nuestros hijos. Ellos lo agradecerán, se sentirán queridos y escuchados. Además, les estarás mostrando una manera de resolver los conflictos. De este modo les mostramos que somos seres humanos que se equivocan.

Proponte un reto para dejar de gritar

Además de lo mencionado anteriormente puede ser interesante plantearse un reto. Un desafío en el que nos comprometamos a no gritar. Quiero presentarte un reto interesante que te puede ayudar: se trata del **Rinoceronte Naranja.** *

Un desafío creado por Sheila McCraith, madre de cuatro hijos. Un buen día, estaba gritando a sus hijos cuando descubrió que estaba observándola un obrero que hacía reformas en su casa y se avergonzó por ello. Los días anteriores había podido reprimir las ganas de gritar a sus hijos mientras los obreros estaban en casa, pero en ese momento pensó que ya no estaban y verse «descubierta» le hizo sentir muy mal. Esta experiencia le enseñó dos cosas:

- Que era capaz de controlarse por el miedo al qué dirán personas extrañas.
- Que debían importarle más lo que pensaran y sintieran sus hijos que lo que pensaran terceras personas.

Y por ello se propuso **estar un año entero sin gritar a sus hijos.** Se lo planteó tan en serio que, si en algún momento gritaba a sus hijos, **debía volver a poner el contador a cero hasta llegar a estar un año seguido sin gritar.**

Al hacer la prueba de estar 365 días sin gritar a sus hijos esto es lo que descubrió:

1. GRITARLES NO ES LO ÚNICO QUE DEJÉ DE HACER.

* <https://theorangerhino.com>

2. MIS NIÑOS SON MI AUDITORIO MÁS IMPOR-
TANTE.
3. LOS NIÑOS NO SON SOLO NIÑOS, TAMBIÉN
SON PERSONAS.
4. NO PUEDO CONTROLAR SUS ACCIONES,
PERO SÍ MIS REACCIONES.
5. GRITAR NO FUNCIONA.
6. SUCEDEN MOMENTOS INCREÍBLES CUAN-
DO NO GRITAS.
7. NO GRITAR ES UN RETO ENORME, PERO SE
PUEDE LOGRAR.
8. MUCHAS VECES EL PROBLEMA SOY YO, NO
MIS HIJOS.
9. ATENDERME A MÍ ME AYUDA A NO GRITAR.
10. ES MARAVILLOSO NO GRITAR.

¿Qué te parecen sus descubrimientos? ¿Te animas a unirte al reto de estar un año sin gritar y compartir los tuyos? Sería fantástico.

Por eso hemos de **reconocer la necesidad de cambiar y dejar de gritar.** Ese es el primer paso. Pero hay que ir más allá y para ello debemos fijarnos una meta clara: por ejemplo, dejar de gritar una semana, o un mes seguido. Es importante que este objetivo que nos hemos marcado lo hagamos público: contarlo a las personas de nuestro alrededor (red de apoyo). Observa con atención e identifica cuándo y por qué se desencadena el grito: por ejemplo, cuando quieres llegar pronto al cole o no consigues acostarlos... Y finalmente piensa soluciones factibles o alternativas.

Sheila también presenta posibles «planes B» para dejar

de gritar: hacerlo fuera de la vista de tus hijos, correr, tomar fotos, reír aunque no tengas ganas, dar golpes a una mesa (no delante de ellos), contar hasta cien, etc.

> No puedo controlar siempre las reacciones de mis hijos, pero puedo controlar siempre mi reacción.
>
> SHEILA MCCRAITH

Te animo a que te plantees el siguiente reto: intenta estar **siete días sin gritar a tus hijos.** Es una manera de empezar e ir ampliándolo progresivamente a medida que avances.

¿POR QUÉ NO? APRENDE DE TUS HIJOS

Educar es una tarea tan inmensa como apasionante. Es importante que entendamos que **la educación es un proceso en dos direcciones** y que al mismo tiempo que estamos educando a nuestros hijos estos nos obligan a ser mejores. Y es que ser padres nos fuerza a mejorar porque queremos darles lo mejor.

Lo que ocurre, y no debemos perder de vista, es que **nuestros hijos también nos enseñan y no podemos perder la oportunidad de aprender de ellos.** Como afirman Carlos Goñi y Pilar Güembe:

> Cada hijo nos trae el mismo mensaje: a partir de ahora todo va a ser al revés: aprende el que enseña, recibe el que da, queda lleno el que se vacía.

Para poder hacerlo debemos dejar a un lado nuestro ego, aquel que nos dice: «¿A mí qué me van a enseñar? Son ellos los que tienen que aprender de mí». Aléjate de esta actitud y muéstrate abierto a aprender de tus hijos, con humildad.

> Uno de los grandes maestros de quienes podrías aprender está viviendo justo bajo tu mismo techo, incluso si (especialmente) te saca de tus casillas o desafía tus limitaciones.
>
> SUSAN STIFFELMAN

Pero **¿qué nos enseñan estos «pequeños maestros»?** Pues muchísimas cosas:

- Alegría.
- Humor.
- Ilusión.
- Optimismo.
- Ganas de descubrir el mundo.
- Generosidad.
- Felicidad.
- Amor.
- Perdón.

Podría seguir el listado pero quiero ilustrar esto que te cuento con una breve historia sacada del libro *Aplícate el cuento* de Jaume Soler y M. Mercè Conangla:

Estamos en un parque. En un banco hay dos mujeres observando a los niños mientras juegan y hablan tranquilos, aparentemente, alegres. De repente, oyen que uno dice al otro:

—¡Te odio! ¡No quiero volver a jugar nunca más contigo!

Durante dos o tres minutos, cada uno de los niños juega por su cuenta, prescindiendo del compañero, sin hablarse.

Al poco tiempo, las mujeres observan cómo los dos niños ya vuelven a jugar juntos. Una de las mujeres comenta:

—¿Cómo pueden hacer esto los niños? Pasan de estar furiosos y pelearse a volver a jugar como si no hubiera ocurrido nada.

—Es fácil —comenta la otra mujer—. Prefieren la felicidad y la alegría de compartir a la intransigencia y la soledad.

¿Qué te parece? Menudo aprendizaje. Fantástica lección la de estos dos niños. Si la pusiéramos en práctica los adultos, cuánto cambiarían las cosas. Cómo cambiaría el mundo... Y esto es lo realmente importante de la vida. **Estas pequeñas cosas son en sí las más valiosas e importantes y las que son capaces de producir grandes cambios.** ¿Y quién nos las enseña? Nuestros pequeños maestros: **nuestros hijos.** Aprovechemos la oportunidad y aprendamos de ellos. Tienen mucho que enseñarnos. Mucho más de lo que realmente piensas...

Si educar consiste en sacar del otro su mejor yo, los hijos nos educan más que cien maestros.

PILAR GÜEMBE y CARLOS GOÑI

Cuando hablamos de educación nos perdemos en teorías, ideas, problemas y conceptos, olvidando realmente lo esencial: que **educar es amar.** El amor es y debe ser la fuerza motriz de nuestra acción educativa (tanto si somos padres como si somos docentes). Y **este amor debe estar presente desde el minuto cero** y debe manifestarse de múltiples formas: besos, caricias, palabras de cariño, palabras de ánimo... El niño, para su crecimiento y construcción, necesita una sustancia esencial: **el afecto.**

Pero ese amor no solo es de los padres hacia los hijos, es un camino en dos direcciones. Ahí está **la magia de ser padres.** Carlos González lo describe muy bien:

> Cada vez que nace un niño, nacen también un padre y una madre. Y a partir de ahí crecemos juntos en sabiduría y en virtud (los niños también en tamaño). Los hijos nos ofrecen su amor incondicional, incluso aunque no hayamos hecho nada por merecerlo. Nos hacen sentir importantes y necesarios, nos divierten y nos intrigan, dan propósito y color a nuestras vidas, nos permiten acompañarlos por un tiempo en la fascinante aventura de descubrir el mundo. Ser padre es un privilegio.

En las formaciones de mi Escuela de Padres 3.0 apunto numerosas ideas en esta dirección. También en mi colección de libros de Escuela de Padres:

- No basta con querer a nuestros hijos, se lo tenemos que **decir y recordar a diario.**
- Jamás tenemos que usar el amor o cariño como **for-**

ma de chantaje. Debemos eliminar el *si no te portas bien no te voy a querer...* El amor no se compra.

- El amor por nuestros hijos es **incondicional.**
- Nuestros hijos deben percibir que les dedicamos tiempo y atención, que ellos son mucho más importantes que nuestro trabajo. Es una forma de manifestar y expresar nuestro amor. Cuando hablo de tiempo me estoy refiriendo a tiempo de calidad, de **compartir tiempo con ellos,** pues como destaca Santos Guerra:

> Cuando las prisas, los negocios o los problemas se anteponen, el hijo queda condenado al silencio, al desamparo o al desprecio. La trampa que nos tiende la vida es hacer muchas cosas por los hijos, pero quitando el tiempo de convivencia con ellos. Cuando les vamos a dar todo lo que hemos ganado con tanto esfuerzo, ya no están. Es un error irreparable.

- Puesto que educamos a nuestros hijos con **nuestro ejemplo,** estos tienen que ver ese amor reflejado en sus padres y la forma en que lo demuestran (entre ellos y a sus hijos). Como señalan M. Mercè Conangla y Jaume Soler:

> Es preciso proporcionar modelos de adultos afectivamente más equilibrados y armónicos.

Ahora bien, como destaca Antonio Campillo en su interesante libro *Edúcame despacio que crezco deprisa*:

> Amor y exigencia son complementarios, no antagónicos. El amor cuenta con la comprensión y con la firmeza; las dos juntas.

Y añade:

> Llenad de besos a vuestros hijos y a la vez exigidles
> en sus obligaciones.

Como puedes comprobar, en la educación (y en la vida) **el amor es esa fuerza universal de la que nadie puede escapar,** tanto de recibirlo como de brindarlo... Y esto me recuerda una fantástica historia de Eric Butterworth que aparece en el libro *Sopa de pollo para el alma* y que te hará reflexionar sobre el tema:

> Un profesor universitario quiso que los alumnos de su clase de sociología se adentrasen en los suburbios de Boston para conseguir las historias de doscientos jóvenes. A los alumnos se les pidió que ofrecieran una evaluación del futuro de cada entrevistado. En todos los casos los estudiantes escribieron: «Sin la menor probabilidad». Veinticinco años después, otro profesor de sociología dio casualmente con el estudio anterior y encargó a sus alumnos un seguimiento del proyecto, para ver qué había sucedido con aquellos chicos. Con la excepción de veinte individuos, que se habían mudado o habían muerto, los estudiantes descubrieron que 176 de los 180 restantes habían alcanzado éxitos superiores a la media como abogados, médicos y hombres de negocios.

El profesor se quedó atónito y decidió continuar el estudio. Afortunadamente, todas aquellas personas vivían aún en la zona y fue posible preguntarles a cada una cómo explicaban su éxito. En todos los casos, la respuesta, muy sentida, fue: «Tuve una maestra».

La maestra aún vivía, y el profesor buscó a la todavía

despierta anciana para preguntarle de qué fórmula mágica se había valido para salvar a aquellos chicos de la sordidez del suburbio y guiarlos hacia el éxito.

—En realidad es muy simple —fue su respuesta—. Yo los amaba.

> Los hijos no nos recordarán por las cosas materiales que les dimos, sino por la convicción de que les quisimos.
>
> RICHARD L. EVANS

EL PODER DE CONECTAR CON NUESTROS HIJOS

No podemos estar continuamente obsesionados con la idea de que debemos corregir a nuestros hijos. Debemos cambiarla por la necesidad de *conectar con ellos*. Como indica la cita que encabeza este capítulo, *todos los niños anhelan conexión... no corrección*. Quieren sentirse amados por lo que son en su YO auténtico, en su esencia: el que muchas veces no vemos.

La desconexión se produce en pequeñas cosas y no nos damos ni cuenta: cuando llegan del cole y les bombardeamos con preguntas proyectando en ellos nuestras preocupaciones. En ese momento quizá lograríamos una mayor conexión si les abriéramos la puerta con una sonrisa y les recibiésemos con un largo abrazo, respetando su estado de ánimo (quizá venga cansado, triste o preocupado). Es necesario **establecer una conexión emocional** con ellos.

Siguiendo la idea de la doctora Tsabary:

> Es muy fácil que los padres hagan más hincapié en la conexión mental que en la emocional. Creemos que al

hablar estamos conectando, cuando a menudo hacemos lo contrario: imponer nuestros deseos en lugar de atender a lo que el niño necesita. Por eso la primera regla general es acallar nuestros pensamientos e ingresar en un estado de quietud absoluta, lo que nos permite sintonizar con el estado de ánimo del hijo. Esta calma invita al niño a ser quienquiera que perciba ser.

Y añade:

> Cuando los niños perciben que queremos saber de veras qué les pasa, reciben nuestras preguntas como auténticas oportunidades para sincerarse. Entonces podemos orientarles con tacto hacia su propio autoconocimiento, mediante el cual estarán capacitados para afrontar cualquier cosa que les suceda en la vida, por desagradable que sea.

Aquí encontramos la clave de la verdadera comunicación: escuchar más allá de lo que nos están diciendo y poner el foco en «el otro» y no en uno mismo. Escuchar sin juzgar, sin querer manipular ni controlar: ahí reside el **poder de conectar con nuestros hijos.**

4

Educar sin castigar

Educad a los niños y no será necesario castigar a los hombres.

PITÁGORAS

Si nos alejamos de la idea del control, de los castigos y la disciplina mal entendida, se plantea una situación que choca con lo que nos han enseñado y el modo en que hemos sido educados. Aunque muchas veces afirmemos que no queremos educar como lo hicieron con nosotros, vivimos en tal condicionamiento que acabamos repitiendo patrones casi sin ser conscientes de ello. Pero esto ocurre precisamente porque no vivimos desde la consciencia, sino que caminamos dejándonos llevar por las prisas, la falta de tiempo..., vivimos en piloto automático. Y vivir y actuar de esta forma nos conduce a actuar de manera reactiva que acaba en los gritos, las amenazas y los castigos. ¿Queremos salir de ahí? Lo tenemos en nuestras manos.

Antes de empezar a hablar sobre el castigo me gustaría que contestaras a estas cuestiones. Nuevamente, toma papel y lápiz e intenta responder(te) con sinceridad estas preguntas:

- ¿Crees que los castigos son necesarios? ¿Por qué motivos?
- ¿Crees que los aplicamos porque los castigos son útiles o porque hemos aprendido lo que han hecho con nosotros?
- ¿Funcionan los castigos? ¿Qué conseguimos con ellos?
- ¿Qué castigos sueles aplicar?
- ¿Qué mensaje recibe un niño si siempre está castigado?

EDUCAR SIN CASTIGAR, ¿ES POSIBLE?

Me gustaría empezar dando respuesta a la siguiente pregunta: *¿Por qué motivo los padres recurrimos al castigo?* Cuando enfocamos nuestra acción educativa desde el **control,** el castigo es una herramienta más útil para nosotros que para el niño. Cubre una necesidad: *hacerle ver al niño lo que ha hecho mal y además lo justificamos diciendo que es* «por su propio bien». Nos engañamos a nosotros mismos pensando que les estamos dando valiosas lecciones. Incluso, en ocasiones, este castigo es una manera de «desquitarnos» fruto de nuestro sentimiento de frustración o enfado y nos decimos: «Ahora se va a enterar» o «Para que aprenda». Terrible. De hecho, está más relacionado en cómo nos sentimos nosotros que en cómo se siente el propio niño.

Todo esto surge de la mentalidad que todavía conservamos de la educación tradicional que hemos heredado:

SI QUIERES SER UN PADRE EFECTIVO, DEBES HACER USO DE ESTRATEGIAS DE CONTROL OPRESIVAS.

Y siguiendo esta forma de actuar no nos damos cuenta del daño que estamos haciendo a nuestros propios hijos. Y esto es como consecuencia de que solo mantenemos el foco en la conducta del niño. Esta esconde muchas veces lo que realmente hay detrás: una necesidad o un sentimiento no satisfecho. Debemos profundizar mucho más para no quedarnos en la superficie.

De hecho, en muchas de mis escuelas de padres, una de las cosas que me dicen estos es: «Enséñame algo para que mi hijo me obedezca» o «¿Qué estrategia puedo usar para que me escuche cuando le hablo?». Entonces me doy cuenta de que el foco está en la conducta y no en las necesidades de los hijos. Es una pena porque cuando actuamos de esta forma de manera continuada le transmitimos un mensaje erróneo a nuestro hijo, que acaba por creer lo siguiente: «Soy tan malo que merezco ser castigado». **El castigo daña la relación con nuestros hijos.**

De hecho, el castigo impide que haya aprendizaje, pues los niños se sumergen en el enfado, en el miedo y en el dolor. Con los castigos realmente no aprenden la lección. O la lección que aprenden es que no pueden comunicarse con sus padres, ya que muchas veces ni les permitimos que nos expliquen lo que ha sucedido. No deja de ser **un parche** que puede funcionar a corto-medio plazo, pero que al final tiene consecuencias negativas.

NO ES NECESARIO HERIR A LOS NIÑOS PARA ENSEÑARLES.

Como hemos destacado anteriormente, nuestra relación con ellos debe estar basada en la exigencia y el cariño, pero sobre todo en el respeto.

Me gusta mucho la analogía que aparece en el libro *Kids, parents and power struggles* de Mary Sheedy Kurcinka:

> Piensa en tu hijo como una olla de agua hirviendo en un fogón. Sus sentimientos son la llama que hace hervir el agua, y el agua hirviendo y saliendo de la olla es su comportamiento. Ahora, imagina que la tapa de la olla es un castigo. Sube el fuego (incrementa los sentimientos negativos) e incrementarás el comportamiento (el agua hervirá). Tapa la olla (castiga) y evitarás que el agua salga de la olla durante un rato; pero si el fuego no es atendido también (los sentimientos), el agua hirviendo (el comportamiento) moverá pronto la tapa y saltará de nuevo.

Como puedes comprobar, usar la tapa es una medida para parar algo de forma temporal. Bajar el fuego y atender los sentimientos y necesidades detendrá el desbordamiento de forma definitiva. La tapa es el castigo como solución; bajar el fuego es establecer una **disciplina consciente** de la que ya hemos hablado con anterioridad. Hay que poner el foco en sus necesidades no cubiertas y reconocer sentimientos y emociones que le permitan al niño aprender.

¿Qué tipo de castigos utilizas?

Existen múltiples castigos que usamos a diario casi sin darnos cuenta, de forma automática. Me gustaría analizar algunos de ellos:

En primer lugar tenemos los castigos «Te quedas sin...» (completa la frase como quieras):

- Te quedas sin salir.
- Te quedas sin ver la televisión.
- Te quedas sin móvil una semana.

Después tenemos otro castigo que usamos con frecuencia. Cuando le decimos al niño «Fuera de mi vista. No quiero ni verte». Este me parece peligroso porque encima estamos estableciendo una distancia real con nosotros: no te quiero cerca de mí.

El tercer tipo de castigo sería aquel en que le decimos «Pues ahora vas a hacer esto...»:

- Como te has portado mal te vas a hacer deberes.
- Como te has peleado te vas a tu habitación a leer.

Además, como puedes comprobar no hay una relación entre lo que ha hecho y lo que le estamos pidiendo que haga. Es una forma de hacer uso de las famosas consecuencias, pero utilizándolas como un castigo encubierto.

Otro tipo de castigo sería el de echar una bronca al niño generándole miedo. Y podría seguir el listado. Seguro que a ti se te ocurren múltiples ejemplos. La cuestión es la misma: ¿sirve de algo todo esto?, ¿realmente aprende algo el niño?

Los denominados «castigos tradicionales» suelen reunir una serie de características que los convierten en algo totalmente contraproducente:

- Son desproporcionados: «Castigado un mes sin salir».
- Incoherentes: «Le das un cachete y le dices: ¡no se pega!».
- Humillantes: «No te quiero, fuera de mi vista».
- Peligrosos: «Ahora te vas tú solo».
- No se cumplen: «Todo el verano sin ver la tele».
- Antieducativos: «Como os habéis peleado, castigados a leer un rato».

No lo he incluido en este listado, pero también podría aparecer **el castigo físico.** Y no lo he incluido porque doy por hecho que no hacemos uso del mismo. Hay que desterrarlo por completo: **poner la mano encima a un niño es un fracaso nuestro como educadores y, sobre todo, como personas.**

Repercusiones negativas del castigo

Hacer uso de los castigos tiene toda una serie de consecuencias en nuestros hijos. Veamos algunas de ellas:

- Rabia.
- Frustración.
- Inseguridad.
- Falta de autoestima. El niño percibe que no está a la

altura de lo que los padres esperan de él. El mensaje que recibe es: no vas a cambiar, no vas a mejorar.

- Odio y resentimiento hacia quien impone el castigo.
- Ánimo de venganza.
- Miente para evitar ser castigado.
- Falsa mejora: actúa como un parche a corto plazo.
- Afecta a la convivencia familiar. El ambiente es de tensión, gritos..., es tóxico.

El castigo enseña al niño lo que no se debe hacer, pero no lo que sí se tiene que hacer.

Mejor, consecuencias

Por lo tanto, la mejor forma para que un niño aprenda a autorregularse y ser responsable son las **consecuencias.** Pero, cuidado, hemos de tener en cuenta que las consecuencias son algo diferente al castigo y muchas veces hacemos uso de ellas como si de un castigo se tratara.

UN NIÑO CAPTA EL MENSAJE SOLO CUANDO PERCIBE LAS CONSECUENCIAS DE SU CONDUCTA. CON EL CASTIGO NO RECIBE ESE MENSAJE.

De hecho hablamos de *aplicar consecuencias* y ahí ya nos estamos equivocando. Cambiamos el nombre «castigo» por «consecuencias» y nos quedamos más tranquilos porque pensamos que no estamos castigando, pero en esencia seguimos haciendo lo mismo. Como destaca Shefali Tsabary:

Nosotros no aplicamos consecuencias. Estas no son algo que escojamos, como si estuviéramos deambulando por los pasillos de un supermercado y llenando el carrito de la compra. Una consecuencia es algo que se incorpora *automáticamente* a una situación sin que nosotros tengamos que «hacer» nada en absoluto. En cuanto imaginamos que hemos de «aplicar» una consecuencia al niño, ya nos hemos trasladado al ámbito del castigo.

Así que las consecuencias son naturales y están relacionadas con la situación concreta. Y absolutamente todas las conductas tienen consecuencias naturales: resultados positivos o negativos que o bien mejoran la calidad de nuestra vida cotidiana, o bien dificultan las cosas.

PERMITIR QUE LAS CONSECUENCIAS NATURALES SIGAN SU CURSO NO ES ALGO PUNITIVO, SINO UNA PARTE NECESARIA PARA AYUDAR AL NIÑO A CRECER.

Empecemos a permitir el curso de las consecuencias naturales y dejemos a un lado las «consecuencias artificiales», que son las que nosotros imponemos, no dejan de ser un castigo y no permiten que el niño conecte con ellas porque son totalmente ilógicas. Veamos algunos ejemplos:

- El niño viene del cole con una mala nota y le retiramos el móvil.
- Un niño pega a otro y el padre le grita e incluso le pega «para que aprenda a no pegar».
- Como no ha llegado a su hora, mañana va a salir más tarde.

Muchas veces, «aplicamos» este tipo de consecuencias dependiendo de nuestro estado de ánimo, y eso es un error pues las convertimos en algo totalmente arbitrario y nuestro hijo no sabe a qué atenerse en cada momento. Pero nos es muy difícil escapar de esa sensación de tener el control.

Estamos tan acostumbrados a imponer «lecciones» a nuestros hijos, que permitir que estas surjan de forma natural nos parece contraintuitivo.

Veamos algunos ejemplos reales de estas consecuencias naturales:

- Llenamos mucha cantidad de agua en un vaso hasta que se desborda. Esto hará que no echemos tanta agua la próxima vez.
- Si tocamos un horno o cualquier fuente de calor, el efecto es que nos quemamos y no lo toquemos la próxima vez.
- Si subimos corriendo y sin atención las escaleras, podemos caernos.

Hemos de tener en cuenta algo importante:

LA ÚNICA VEZ QUE DEBEMOS IMPEDIR QUE UNA CONSECUENCIA NATURAL TENGA EFECTO ES SI HAY PELIGRO REAL.

Por ejemplo, si el niño va a cruzar una calle sin mirar, meter los dedos en el enchufe o ingerir un producto tóxico.

Veamos algunas de las características de las consecuencias naturales:

- Respetan la dignidad del niño.
- Están relacionadas con la conducta, con lo que el niño ha hecho.
- Tienen sentido.
- El niño se responsabiliza de sus acciones.
- Fomentan el diálogo y la reflexión conjunta (padreshijos).
- Van a la raíz del problema, no se quedan en la superficie.

Para nosotros es difícil ser pacientes, ya que las consecuencias no siempre enseñan una lección al instante. No tienen un efecto tan inmediato como los castigos, pero a largo plazo permiten al niño crecer y preparar a nuestro hijo para las consecuencias que se le presentarán a lo largo de su vida. Con el castigo lo único que aprenden es a obedecer.

Para dejar que estas consecuencias naturales sigan su curso vamos a necesitar de mucha paciencia. Me gustaría ilustrarte la importancia de la paciencia con una pequeña historia. En un seminario sobre la educación de los hijos organizado por el Adler Institute en Israel contaron la siguiente historia:

> Una mujer estaba en el supermercado cuando de pronto su hija pequeña se puso a llorar. La mujer, en un tono de voz calmado, dijo: «Un par de cosas más, Sharon, y nos iremos». El llanto continuó, la niña cada vez gritaba más.

La madre le dijo en un tono de voz muy pausado: «Hemos acabado, Sharon; pagamos y nos vamos».

En la caja, los gritos y el llanto se intensificaron. La madre, que seguía tranquila y sosegada, continuó: «Ya casi estamos, Sharon, enseguida iremos al coche». Las niña siguió gritando hasta que finalmente llegaron al coche.

Un joven se acercó a la madre y le dijo: «La he visto en el súper y quería decirle que me ha impresionado su capacidad de mantener la calma mientras su hija Sharon estaba en plena rabieta. He aprendido una lección importante».

La madre le dio las gracias al joven y añadió: «Pero no se llama Sharon. Yo soy Sharon».

NORMAS Y LÍMITES

Aunque hemos hablado a lo largo de este capítulo de la necesidad de no imponer castigos y dejar actuar a las consecuencias naturales, me gustaría abordar un tema que considero esencial. Se trata el de las **normas y los límites.**

Las normas son reglas que establecemos los padres y que ayudan a nuestros hijos a funcionar en la vida, a distinguir lo que está bien de lo que está mal, lo que es peligroso de lo que no lo es. Y, aunque parezca contradictorio, las normas les ayudan a desenvolverse con mayor libertad y, sobre todo, seguridad.

Es a los padres a quienes corresponde establecer estas normas, pero sin caer en el exceso (normativismo) ni tampoco en el defecto (permisividad). Los extremos no son buenos y es difícil encontrar ese equilibrio necesario. Los autores Pilar Güembe y Carlos Goñi destacan un principio básico que personalmente recomiendo: **«Normas justas y**

las justas». Hemos de poner pocas y que estas sean justas. Veamos el motivo:

1. **Deben ser justas.** Porque no se trata de imponer porque sí, sino de establecer unas reglas que les ayuden a CRECER y desarrollarse de una manera integral. En ocasiones, sin darnos cuenta de ello y con buena intención, podemos instaurar algunas medidas excesivamente rigurosas.

2. **Las justas.** No somos legisladores sino padres. Más vale que pongamos pocas normas y que estas se cumplan que un exceso de normas que no se cumplen porque es imposible hacerlo. Seamos realistas a la hora de establecerlas.

Además, es muy importante recordar que si queremos que se cumplan las normas los primeros que debemos hacerlo somos los padres, ya que somos su referente y debemos dar ejemplo. No podemos exigir lo que no cumplimos.

¿Cómo deben ser las normas?

Las normas tienen que cumplir una serie de características:

1. **Pocas.** Ya lo he mencionado: muchas normas pero que no se cumplan no sirven para nada.

2. **Claras y concretas.** Debemos explicar con claridad a nuestro hijo qué esperamos de él. No basta con decirle: «No llegues tarde a casa» o «Pórtate bien». Hemos de concretar más. Además, será mucho me-

jor si lo expresamos en positivo haciendo uso de frases afirmativas, destacando lo que realmente esperamos y no lo que no queremos que haga. Veamos un ejemplo:

Evita decirle: «No pintes la mesa». Mejor dile: «Se pinta en el cuaderno».

3. **Apropiadas.** Debemos ir revisando las normas a medida que nuestro hijo va creciendo, ya que las necesidades van cambiando y, por lo tanto, las normas no sirven todas para siempre. Evolucionan con el tiempo.

4. **Sencillas y fáciles de comprender.** Debes comprobar que tu hijo entiende los motivos por los que has establecido las normas. No se trata de prohibir por prohibir.

La mayoría de los conflictos con los hijos se producen sobre aspectos de la vida bastante triviales, en absoluto esenciales.

SHEFALI TSABARY

Ayuda decirles que NO

Antes de seguir adelante, intenta dar respuesta a estas dos preguntas:

- ¿Crees que decir «no» a un hijo es ser un mal padre?
- ¿Qué pensará tu hijo de ti si solamente le das, pero no le exiges?

Los niños van a escuchar muchas veces en su vida la palabra «NO», y no únicamente de nosotros, sus padres. Han de estar preparados para ello. Por este motivo debemos enseñarles a afrontarlo desde que son pequeños, pues es algo fundamental para su crecimiento.

El «NO» enseña:

- Que hay unos límites.
- Que los padres actuamos con firmeza.
- Autodisciplina.
- Aporta seguridad.

En definitiva, el uso del «NO» no es arbitrario y lo haremos para todo esto que hemos señalado. No nos vamos a poner a prohibir por sistema. Pero ocurre que nos metemos tanto en el papel sobre la necesidad de decirles que **NO** que se nos olvida que también hay que **decirles que sí.** De hecho, hay padres que dudan muchísimo, a los que les cuesta «decirles que sí» a sus hijos y que llegan a plantearse: «¿Si le digo que sí no me estará tomando el pelo?». Pues no..., no necesariamente.

¿Sabes que un niño, desde que nace hasta que cumple los ocho años, oye cerca de cien mil veces la palabra «NO»?

Así lo asegura un estudio realizado en Estados Unidos con niños de tres y cuatro años. Mediante un sencillo sistema de micrófonos colocados en sus orejas durante 24 horas, este estudio descubrió que los pequeños oían sistemáticamente frases del tipo: «¡No toques eso!», «¡no te pongas ahí!» o «¡no comas eso!». También destacó que, por cada elogio que el niño obtenía, recibía a cambio una media de nueve reprimendas.

Por eso, también podemos decir que NO de otras formas sin hacer uso de la palabra «no»:

- Con nuestro lenguaje corporal.
- Tono de voz.
- Otra manera de decir las cosas.
- Ofrecer alternativas.
- Preguntar.
- Recordar las normas.

¿Y los límites?

Pues bien, empezaría por destacar que **los límites son necesarios** para la educación del niño. Les aportan seguridad en su día a día. La ausencia de límites lleva a presentar confusión e inseguridad, justo lo que no queremos para nuestros hijos. Pero a muchos padres nos cuesta establecer límites y hacerlos valer. De hecho, encontramos teorías y corrientes educativas que se basan precisamente en eso, en reducir al mínimo los límites. Y es un error.

> Puedo garantizar a todo padre y educador que los límites son necesarios en la educación del cerebro. Puedo defender esta afirmación porque existe toda una región del cerebro dedicada exclusivamente a fijar límites, hacerlos valer y ayudar a las personas a tolerar la frustración que supone su no cumplimiento.
>
> ÁLVARO BILBAO

Los límites, en lugar de oprimir, lo que hacen es liberarnos, son marcos de referencia que facilitan nuestra propia construcción y la convivencia con los demás. Tenemos libertad porque tenemos límites.

Los límites son necesarios para:

- Que el niño se sienta seguro y protegido.
- Ofrecerles una estructura sólida a la que aferrarse.
- Que el niño vea que los padres son fuertes y consistentes y se sienta mucho más inclinado a identificarse con ellos.
- Ayudar al niño a tener claros determinados criterios sobre las cosas.
- Enseñar al niño a que debe renunciar a veces, que debe aceptar el no. Es una forma de enseñarle a enfrentarse luego a las frustraciones de la vida.
- Que el niño aprenda valores tales como el orden, el respeto y la tolerancia.

Por lo tanto, no te sientas culpable por poner límites. Forman parte de la vida de cualquier persona, también de la tuya.

Pero debemos ir más allá de esta idea de las normas y los límites. Me gusta la forma de entenderlas cuando caminamos hacia una educación más consciente y menos basada en el control. Así lo afirma la doctora Tsabary:

En lugar de imponer un control externo mediante reglas, nos basamos en el poder de la presencia para guiar a nuestros hijos, lo que se expresa en la conexión que mantenemos con ellos. En otras palabras, reconocemos que como mejor aprenden los niños es mediante ósmosis.

Si ponemos en práctica todo lo aprendido en el libro que casi estás terminando de leer, te aseguro que llegar a este tipo de **conexión y presencia** va a ser mucho más sencillo de lo que imaginas.

Nuevas herramientas

Como puedes comprobar, ahora que estamos llegando al final del libro, tienes en tus manos toda una serie de herramientas nuevas que te he ido ofreciendo para que puedas ponerlas en práctica partiendo de ti mismo. Comprobarás que **esto tiene un impacto grandísimo en la educación de tus hijos.** Como ya indiqué en el inicio, todo cambio empieza por uno mismo y **este crecimiento personal estoy seguro de que va a producir grandes cambios en tu vida** a todos los niveles: con tu pareja, con tus hijos, a nivel profesional, etc.

No hemos terminado todavía pero te invito a que leas, releas y pongas en práctica todo lo que te he ido ofreciendo a lo largo de las anteriores páginas. De nada sirve que acumulemos conocimiento y teorías si después no somos capaces de ponerlos en práctica. Si no lo hacemos, será entonces cuando no veamos resultados y nos frustremos. Lo que realmente marca la diferencia es precisamente eso: **tomar conciencia, pasar a la acción y poner en práctica lo aprendido.** Como destaqué en la introducción, la transformación viene a través de la acción: TRANSFORM**ACCIÓN que estoy convencido de que ya estás viviendo.**

Queremos tener éxito en nuestra acción educativa para que nuestros hijos tengan las mejores herramientas para caminar en la vida. Pero si nuestro grado de desarrollo personal no lo elevamos a un nivel de 10 es muy difícil poder conseguir esto. Debemos dar pequeños pasos cada día. Como ya he comentado en alguna ocasión, no se trata de aspirar a ser superpadres sino a ir creciendo y ser mejores de lo que éramos ayer. Es momento de volver a la introducción del libro, revisar la puntuación que te pusiste y dar respuesta a las siguientes preguntas: ¿has mejorado tu ICP?, ¿en qué crees que has crecido?

Nuestro mundo exterior siempre es un reflejo de nuestro mundo interior. Y eso es lo que he pretendido con estas páginas, dotarte de las claves y estrategias que te ayuden a CRECER, a mejorar como padre de manera exponencial y a cambiar tu vida. Estoy seguro de que en el nivel de conciencia en el que vas a operar ahora podrás sumergir a tus hijos en esta **educación y crianza consciente** que les permitirá CRECER SIN LIMITACIONES.

He dejado para el final el tema de la felicidad. Considero que es importante que aprendamos que la felicidad no es un objetivo a conquistar, sino simplemente un camino que debemos recorrer y que como todo camino tiene sus dificultades, con claros y oscuros. Con luces y sombras. Ahí reside la belleza y la magia de la vida.

¿Me acompañas a descubrirlo?

Sigue leyendo...

5

Educar para la felicidad

No hay camino para la felicidad.
La felicidad es el camino.

Y para terminar el libro me gustaría compartir contigo unas líneas para hablar de felicidad y cómo podemos abordarla con nosotros y nuestros hijos. Como ya he mencionado en más de una ocasión, vivimos en una sociedad que nos empuja a tener, a conseguir, a alcanzar el éxito; cuanto más tienes y posees, más éxito alcanzas. Si realmente queremos conquistar la felicidad y no un sucedáneo de la misma, debemos volver la mirada hacia nuestro interior y darnos cuenta de que ahí **reside la verdadera y auténtica felicidad.** No se trata de buscarla y conquistarla, sino de reconocer que la tenemos ahí pero que en algún momento lo olvidamos. Y eso es lo que debemos enseñar a nuestros hijos para que siempre lo tengan presente. Es algo que no podemos definir sino que debemos **experimentar.**

Cuando estamos en paz con la vida tal como es, somos libres para experimentar la auténtica alegría.

Susan Stiffelman

Vivir en la sociedad del deseo, la que constantemente nos tienta con «cosas» que prometen hacernos felices, dificulta esta tarea. Porque al final nos enfocamos en lo que deseamos para llenar vacíos que de manera momentánea nos producen una satisfacción, pero luego nos damos cuenta de que no, de que ahí no está la verdadera felicidad. No hay atajos que nos conduzcan a la felicidad. Como muy bien señala Marian Rojas:

> El ser humano busca tener y relaciona felicidad con posesión. Nos pasamos la vida buscando tener estabilidad económica, social, profesional, afectiva... Tener seguridad, tener prestigio, tener cosas materiales, tener amigos. La felicidad verdadera no está en el tener, sino en el ser. Nuestra forma de ser es la base de la verdadera felicidad.

Por eso es tan importante que aprendamos a **vivir el momento presente.** Escapar del mismo nos está impidiendo disfrutar de una gran cantidad de actividades que pueden generar felicidad en nuestras vidas.

¿Se puede aprender la felicidad?

Se puede aprender y podemos cambiar nuestros niveles de felicidad. Aunque existe un componente genético, depende mucho de las decisiones que tomamos en nuestras vidas.

Pero no solo de las grandes decisiones, sino también de las pequeñas, las del día a día. De ello hemos hablado cuando hemos destacado el poder de la gratitud. Estar en continua gratitud nos permite cambiar nuestro nivel de felicidad. No podemos controlar las cosas que nos suceden en la vida, pero sí cómo reaccionamos ante las mismas. Te suena esto, ¿verdad?

En una entrevista reciente le preguntaban a Tal Ben-Shahar, profesor de Psicología Positiva en la Universidad de Harvard, qué tres consejos daría a los padres. Esta fue su respuesta:

1. *No hagas por tus hijos lo que pueden hacer por ellos mismos.* Si al niño le cuesta atarse los zapatos, podemos dejar que lo haga él. Debemos dejar que, aunque les cueste, si saben hacer algo, que lo hagan.
2. *Amor incondicional.* No significa darles todo lo que quieran, sino que aceptamos sus emociones incondicionalmente.
3. *Predica con el ejemplo.* Comparte con tus hijos tus experiencias, tanto las maravillosas como también las dolorosas. Los niños no necesitan un modelo perfecto, sino un ser humano como modelo. Lo que hacemos con frecuencia importa mucho más que lo que decimos.

El valor de la amistad

La felicidad también consiste en cultivar relaciones. Por eso es importante que los padres les demos ejemplo sobre cómo nos relacionamos y cuál es **el valor de la amistad.**

La amistad es un valor fundamental que debemos cultivar y transmitir a nuestros hijos. Hacer amigos va más allá de *tener compañía* y *estar bien*: al niño le aporta seguridad, le ayuda a conocer mejor a los demás y a sí mismo, le ayuda a superar el egocentrismo y, sobre todo, a aprender algo que es muy importante y le será útil toda la vida: saber esperar, cooperar, compartir y respetar los sentimientos de los demás.

Existen múltiples estudios que demuestran los beneficios de tener amigos. Destaco aquí algunos de ellos:

- Según un estudio realizado por Julianne Hold-Lunstad, de la Universidad de Brigham Young (EE. UU.), y publicado en *PLoS Medicine* estimaba que la falta de relaciones sociales equivale a fumar 15 cigarros al día. Con este estudio demostraron que no tener amigos es más perjudicial para la salud que llevar una vida sedentaria o incluso ser adictos al alcohol.
- Un estudio de la Universidad de California (EE. UU.) reveló que las personas enfermas sin amigos íntimos eran cuatro veces más propensas a fallecer que las que tenían diez o más amigos. Estar «conectados con otros» es esencial para vivir más años.
- John Cacioppo y sus colegas de la Universidad de Chicago (EE. UU.) han demostrado que tener amigos modifica el funcionamiento del cerebro.

Esto solo es una muestra que nos debe hacer reflexionar sobre la importancia y el verdadero valor de la amistad en nuestras vidas. Como padres debemos conocer los beneficios de que nuestros hijos tengan amigos y cómo podemos fomentar sus habilidades sociales.

Beneficios de tener amigos en los niños:

- *El niño aprende a ponerse en el lugar del otro y a respetar los sentimientos ajenos (empatía).*
- *Mejora su autoestima.*
- *Le ayuda a socializarse, algo fundamental para su desarrollo.*
- *Aumenta el rendimiento escolar.*
- *Aprende a relacionarse con los demás.*

Nuestra actitud como padres debe ser de observación y ayuda en el proceso de hacer amigos fomentando sus habilidades sociales.

¿Cómo podemos fomentar sus habilidades sociales?

Las habilidades sociales son aquellas capacidades que permiten al niño interactuar con sus iguales y el entorno de una manera socialmente aceptable. Estas habilidades requieren de un proceso de aprendizaje basado en la observación y la práctica, de ahí la importancia que tenemos los padres para facilitar y fomentar su adquisición. Podemos hacerlo de la siguiente forma:

1. La principal manera de fomentar sus habilidades sociales es a través de **nuestro ejemplo.** El niño observa cómo tratamos a nuestros amigos: con afecto, respeto, etc., enseñándole a cuidar sus cosas y respetar las de los demás. El niño tiene que ver que

«hacemos favores» a nuestros amigos , que nos acordamos de fechas señaladas y les llamamos, etc.

2. **No hablar mal de sus amigos.** El niño elige a los amigos con los que quiere jugar: no debemos hablar mal de ellos ni ofrecerle una visión negativa a nuestro hijo.

3. **Ofrécele oportunidades para hacer uso de estas habilidades.** Hay que proporcionarle experiencias que le posibiliten relacionarse en distintas situaciones.

4. Enséñale **a pedir las cosas por favor,** a decir gracias, a compartir los juguetes, etc.

5. Destaquemos la importancia de saber **pedir perdón** si ha hecho daño a alguien.

6. Fomenta **la capacidad de escuchar a los demás.** Aquí nuestro ejemplo es fundamental, pues debemos escuchar más a nuestros hijos cuando nos cuentan sus cosas, preocupaciones, etc.

No olvidemos las emociones

Durante estos primeros años los padres estamos tan ocupados y preocupados por temas como la alimentación, el sueño, la talla, el peso... que tomamos menos conciencia de algo que resulta esencial: su salud emocional. Esto no es una idea nueva, Aristóteles ya decía que **«educar la mente sin educar el corazón no es educar en absoluto».**

Nuestra función como padres es la de ayudarles a desarrollar su inteligencia emocional. Desde que Daniel Goleman publicó el famoso libro *Inteligencia emocional,* este concepto ha ido adquiriendo una importancia notable, sobre todo en el mundo educativo. Se han dado numerosas definiciones sobre este concepto, que podríamos definir de la siguiente manera: *Es la habilidad para tomar conciencia de las emociones propias o ajenas y la capacidad para gestionarlas.*

Plantéate la siguiente pregunta: ¿recuerdas si en tu infancia te enseñaron a expresar o a ocultar tus emociones?

Es importante destacar que para que nuestro hijo desarrolle estas competencias emocionales es fundamental que los padres también las cultivemos. No podemos dar aquello que no tenemos. Si los padres no gestionamos de manera efectiva nuestras emociones esto es lo que aprenderán nuestros hijos. Laura Chica expone en su interesante libro *¿Quién eres tú?* lo siguiente:

> La mayoría de las dificultades que nos encontramos en nuestro desarrollo emocional es que no nos han enseñado a pensar sobre lo que sentimos o cómo se llama eso que sentimos. Ni siquiera nos han enseñado a sentir. Nuestra educación se ha centrado en el cerebro racional, olvidando casi por completo nuestro cerebro emocional.

Y añade:

> Podemos resumir nuestro estado emocional en esta frase: «somos analfabetos emocionales».

Por este motivo, hace ya unos años escribí un breve decálogo sobre cómo educar a niños «analfabetos emocionales». Te darás cuenta de que está escrito en un sentido negativo; es decir, tenemos que hacer lo contrario de lo que se afirma en el decálogo para llevar a cabo una efectiva educación emocional:

1. No deje a sus hijos que expresen sus sentimientos y emociones. Intente también no expresar las suyas, pues no es nada beneficioso para ellos.
2. Nunca muestre cariño a sus hijos, pues que se sientan queridos es algo secundario. Hay cosas mucho más importantes en la vida.
3. Enseñe a sus hijos que en esta vida siempre podemos conseguir lo que queremos, satisfaciendo así nuestros deseos y, además, sin ningún tipo de esfuerzo.
4. Muéstreles que cuando tengan cualquier problema lo primero que deben hacer es actuar y luego, si queda tiempo, pensar y reflexionar sobre el mismo.
5. Enséñeles que se han de preocupar más por ellos mismos que por los demás.
6. Nunca obligue a sus hijos «a ponerse en el lugar del otro». Háganles creer que son únicos y los más importantes del mundo: los demás no sirven para nada.
7. Cómpreles todo lo que les pidan. Si lo quieren aquí y ahora, cumpla con sus deseos no vaya a ser que se frustren... Así conseguiremos que crezcan felices.
8. Aplauda todas las conductas negativas de sus hijos, lo que hacen mal. Cuando hagan alguna cosa bien, no se la reconozcan jamás.
9. Enseñe a sus hijos a que la mejor forma de solucionar los conflictos es a través de la violencia: hablar y comunicarse no es útil.
10. No pierda el tiempo en educar a sus hijos, para eso está el entorno, que seguro que les ofrece una educación ejemplar.

Y este trabajo emocional debemos hacerlo con nuestros hijos y también con nosotros mismos. En el momento en que empecemos a conocernos más y mejor, será cuando tomaremos conciencia de que la verdadera felicidad no depende de las circunstancias externas.

La verdadera felicidad es tranquila y profunda.
Se trata de un estado en el que nos instalamos y que infunde una profunda alegría a los distintos momentos de nuestra vida, tanto los ordinarios como los extraordinarios.

SUSAN STIFFELMAN

Epílogo

No me gustaría cerrar el libro sin dirigirme a ti de nuevo.

Gracias por haber llegado hasta aquí y, sobre todo, ¡enhorabuena por haberlo hecho!

El tiempo que has invertido en la lectura del libro lo has invertido en ti y en la educación de tus hijos. Estoy convencido de que a medida que ibas leyendo has estado pensando en él y de qué forma ofrecerle las mejores herramientas para caminar por la vida.

Estoy seguro de que con la lectura del libro has crecido mucho como padre y más que vas a hacerlo a medida que pongas en práctica todo lo aprendido. Pero de lo que estoy convencido es de que a partir de ahora vas a hacerlo con humildad y sabiéndote un padre/madre imperfecto. Vas a seguir cometiendo errores, te vas a equivocar. No te preocupes. Sigue adelante una y otra vez...

Querer mejorar y crecer ya dice mucho de ti. Convertirte en un padre/madre consciente te ayudará a establecer esta **conexión amorosa y compasiva con tus hijos.** De hecho, creo que ahí está la base para cambiar el mundo y la sociedad en la que vivimos. Quizá no podemos cambiar el mundo, pero sí la parcelita en la que nos ha tocado vivir. Estoy convencido de que esta forma de actuar se expandirá y podremos elevar la consciencia colectiva del planeta.

Disfruta de la educación de tu hijo. Saborea cada momento, cada segundo a través de las lecturas, juegos, canciones... y mil situaciones que la vida os va a presentar. Al final te darás cuenta de que lo que de verdad importa no es la meta, sino haber disfrutado el camino recorrido. Ahí reside la auténtica felicidad.

Te dejo con una última pregunta para que reflexiones: *Si de repente descubrieras que te quedan seis meses de vida, ¿qué cambios harías en tu existencia?*

HAZLOS.

No esperes a que se presente una situación así para hacerlos.

No lo dejes para después. Empieza ya mismo.

GRACIAS, GRACIAS, GRACIAS.

Eres una maravilla

Cada segundo que vivimos es un momento nuevo y único del universo, un momento que jamás volverá... Y ¿qué es lo que enseñamos a nuestros hijos? Pues, les enseñamos que dos y dos son cuatro, que París es la capital de Francia.

¿Cuándo les enseñaremos, además, lo que son?

A cada uno de ellos deberíamos decirle: ¿sabes lo que eres? Eres una maravilla. Eres único. Nunca antes ha habido ningún otro niño como tú. Con tus piernas, con tus brazos, con la habilidad de tus dedos, con tu manera de moverte.
Quizá llegues a ser un Shakespeare, un Miguel Ángel, un Beethoven. Tienes todas las capacidades. Sí, eres una maravilla. Y cuando crezcas, ¿serás capaz de hacer daño a otro que sea, como tú, una maravilla?

Debes esforzarte —como todos debemos esforzarnos— por hacer el mundo digno de sus hijos.

Pau Casals

Agradecimientos

A lo largo del libro te he hablado de la importancia de la gratitud. Y no podía terminar el libro sin predicar con el ejemplo y dar gracias a todas aquellas personas que me acompañan y que han hecho posible que este libro sea una realidad.

En primer lugar quiero dar las gracias a Lucía Luengo, que fue la que me «descubrió» y me ofreció la oportunidad de publicar este libro con la gran editorial Penguin Random House. Te estaré eternamente agradecido, Lucía.

También quiero agradecer la inestimable ayuda de mi editor Oriol Masià, que me ha acompañado en este proceso de creación del libro con ideas, sugerencias y fantásticas aportaciones. Gracias, Oriol, por tu paciencia y comprensión.

Quiero dar las gracias también a muchas personas que están en mi vida: a mi hermano Javier y a su mujer Raquel por al apoyo incondicional que he recibido estos últimos años. También a sus hijos Iker y Leire por su sonrisa y alegría cada vez que me ven.

A mis hijos Mateo y Elsa, de los que he aprendido y sigo aprendiendo más de lo que imaginan... GRACIAS INFINITAS.

Dar las gracias a todos y cada uno de los compañeros de viaje que me he ido encontrando por el camino de la vida: a mis maestros, compañeros de trabajo, alumnos y alumnas, familias que han asistido a mis talleres y conferencias... A todos: GRACIAS.

Y dejo para el final a la persona más especial que hay en mi vida. Ana, gracias por animarme a escribir el libro y por tu apoyo incondicional en todo lo que hago. Ha sido una suerte encontrarte y es una suerte tenerte. Solo puedo darte las gracias por este tiempo compartido y el que nos queda por compartir. Paula puede estar más que orgullosa por todo lo que haces, eres un ejemplo vivo de madre consciente. Ha sido fácil escribir el libro observando lo que haces con tu hija. Te quiero... #hastatodo.

Seguro que me dejo a alguien. No me lo tengáis en cuenta.

GRACIAS DE CORAZÓN.

Bibliografía

AKHTAR, Miriam, *El pequeño libro de la felicidad*, Móstoles, Gaia, 2019.

ARNALL, Judy, *Educar sin estrés*, Barcelona, Medici, 2008.

BEN-SHAHAR, Tal, *Elige la vida que quieres*, Barcelona, Alienta, 2012.

BILBAO, Álvaro, *El cerebro del niño explicado a los padres*, Barcelona, Plataforma, 2015.

BOTELLA, Fernando, *¡Atrévete! ¿Y si eliges ser feliz?*, Barcelona, Alienta, 2012.

CANFIELD, Jack y Mark Victor HANSEN, *Sopa de pollo para el alma*, Barcelona, Alba, 1996.

CHICA, Laura, *¿Quién eres tú?*, Barcelona, Alienta, 2013.

DE ANDRÉS, Verónica y Florencia ANDRÉS, *Renuévate con confianza total*, Barcelona, Vergara, 2020.

DEL PUEYO, Begoña y Rosa SUÁREZ, *La buena adolescencia*, Barcelona, Grijalbo, 2013.

GARCÍA AGUSTÍN, Laura, *Educar a los más pequeños*, Madrid, Temas de Hoy, 2004.

GARCÍA HUBARD, Teresa, *No hay niño malo. 12 mitos sobre la infancia*, Ciudad de México, Paidós, 2017.

GÓMEZ CAYHUELA, Paloma, *Educar amando desde el minuto cero*, Bilbao, Desclée De Brouwer, 2015.

GONZÁLEZ, Óscar, *Escuela de padres de niños de 0 a 6 años*, Barcelona, Amat, 2016.

GUEMBE, Pilar y Carlos GOÑI, *Educar sin castigar*, Bilbao, Desclée De Brouwer, 2013.

MILLET, Eva, *Hiperpaternidad*, Barcelona, Plataforma Actual, 2016.

ROJAS ESTAPÉ, Marian, *Cómo hacer que te pasen cosas buenas*, Barcelona, Planeta, 2018.

SELIGMAN, Martin, *What You Can Change and What You Can't: The Complete Guide to Successfull Self-Improvement*, Nueva York, Vintage, 2009.

SOLER, Alberto y Concepción ROGER, *Niños sin etiquetas*, Barcelona, Paidós, 2020.

SOLER, Jaume y M. Mercè CONANGLA, *Aplícate el cuento*, Barcelona, Amat, 2014.

STIFFELMAN, Susan, *Paternidad consciente*, Málaga, Sirio, 2015.

TSABARY, Shefali, *El despertar de la familia*, Barcelona, Ediciones B, 2017.

—, *Sin control*, Barcelona, Ediciones B, 2013.

Este libro se escribió tras el confinamiento
entre Segovia y Madrid.
Han acompañado a su escritura las inspiradoras melodías
de Dirk Maassen, Florian Christl y Max Richter.

Noviembre de 2020
Espirdo (Segovia)

«Para viajar lejos no hay mejor nave que un libro.»

EMILY DICKINSON

Gracias por tu lectura de este libro.

En **penguinlibros.club** encontrarás las mejores
recomendaciones de lectura.

Únete a nuestra comunidad y viaja con nosotros.

penguinlibros.club